BASIC für Fortgeschrittene

24 praktische Anwenderprogramme

Von Dr. Hans-Joachim Sacht

Humboldt-Taschenbuchverlag

humboldt-taschenbuch 496

Umschlaggestaltung: Christa Manner, München
Die Vorlage für die Kreisabbildung auf dem Broschurumschlag stellte uns der Autor zur Verfügung.
Ebenfalls vom Autor stammen alle Vorlagen der Textabbildungen im Innenteil des Bandes, ebenso alle Programmausschnitte in Computerschrift. Reinzeichnungen der Grafiken auf Seiten 35, 36, 38, 46, 59, 61, 70, 85, 93, 94, 116, 120, 122, 123, 136, 142, 164, 167, 175: Fritz E. Urich, München. Die Programme in den Beispielen 1, 2, 3, 5, 12, 15 und 17 auf Seiten 50, 54, 58, 68, 110, 134, 146 wurden mit Erlaubnis des Verlages dem Buch des Verfassers »Vom Problem zum Programm« entnommen, erschienen im VOGEL-BUCHVERLAG, Würzburg, und durch den Verfasser für den hier vorliegenden Band aufbereitet.

Hinweis für den Leser:
Alle Angaben – ohne Gewähr – entsprechen dem Stand von 1984 und sind von Autor und Verlag sorgfältig geprüft. Dennoch kann eine Garantie nicht übernommen werden.

Druck: Elsnerdruck GmbH, Berlin
Printed in Germany
ISBN 3-581-66496-8

1 2 3 * 86 85 84

Inhalt

Lernziele in den Programmbeispielen

1. Statistische Rechnungen

Formulierung von Rechenaudrücken
Programmaufbau in einer Schleife
Programmierung des Schleifenabbruchs
Darstellung in Kolonnen mit Überschrift

2. Fragebogenauswertung

Wiederholte Eingaben verarbeiten
Aufstellung einer Variablenliste
Plausibilitätsprüfung von Eingaben
Unterprogramm mit blinkender Anzeige

3. Zuschnittsoptimierung für Platten

Aufbereitung eines Optimierungsproblems
Vorherige Festlegung von Variablennamen
Verwendung der INT-Funktion
Schleife mit Bestimmung eines Maximums

4. Kaufmännische Kalkulation

Arbeit mit Feldvariablen
Programmanweisung READ und DATA
Menütechnik mit ON . . . GOTO (GOSUB)
Verwendung von PRINT USING

5. Aufteilung in Gruppen

Erzeugung und Verwendung von Zufallszahlen
Aufstellung eines Flußschaubildes (Flußdiagramm)
Benutzung eines zweidimensionalen Feldes
Dimensionierung im Programm nach Bedarf

6. Säulendiagramm

Einteilung der Bildschirmanzeige
Maximumbildung und Normierung von Zahlen
Ausgabe mit verschachtelten Schleifen
Rechenausdruck in der TAB-Funktion

7. Gebühren für Ferngespräche

Problemanalyse einer Programmaufgabe
Verschiedener Aufbau von Feldern
Suchen in einem Indexfeld
Zeitmessungen mit Zeitschleifen

8. Ein- und Ausgabemaske

Aufstellung eines Flußdiagramms
Erklärungen in DATA-Zeilen
Ausgabe in bestimmte Bildschirmpositionen
Dateneingabe mit INKEY$ oder GET

9. Angebot oder Rechnung

Programmierung einfacher Schemabriefe
Druckeransteuerung und Steuerkommandos
Auswahl von Teilprogrammen nach einem Menü
Zeilenaufbau in Druckprogrammen

10. Quellensammlung

Datenspeicherung in DATA-Zeilen
Verwendung der RESTORE-Anweisung
Suchen mit mehreren Schlüsseln
Druckerausgabe in Kolonnen

11. Mehrspaltenaddition

Einfache und doppelte Genauigkeit
Wahlweise Druckeransteuerung mit Merker
Löschen der INPUT-Anzeigen
Formatierte Ausgabe ohne PRINT USING

12. Kalenderdruck mit Wochentagen

Berechnung von Kalendertagen
Verschachtelte Druckschleifen
TAB-Funktion mit berechnetem Argument
Verwendung einer Hilfsvariablen

13. Tabelle zum Vergleich von Umsatzzahlen

Programmierung der Kassettenspeicherung
Kopieren eines Feldes
Menü mit Kennbuchstaben
Erleichterung der Eingabe mehrerer Werte

14. Übersicht für Jahrestermine

Positionierung der Druckerausgabe
Sequentielle Datei mit Diskettenspeicherung
Arbeit mit einer teilbesetzten Matrix
Wechselnder Druck in Eng- und Normalschrift

15. Briefschreiben

Sequentieller Programmaufbau
Textspeichern in Feldvariablen
Längenüberwachung von Zeichenketten
Mehrfachverzweigungen mit IF . . THEN

16. Wertpapierüberwachung

Analyse einer Programmaufgabe
Bildschirmeinteilung für eine Tabelle
Verwendung verschiedener Felder
Speicherung verschiedener Felder in einer Datei

17. Alphabetisches Ordnen von Stichwörtern

Alphabetisches Einordnen
Führung einer Indexliste
Wandlung in Kleinschrift
Gemischtes Speichern von Zahlen und Zeichenketten

18. Einnahmen/Ausgaben-Buchführung

Kontenführung im Arbeitsspeicher
Anwahl verschiedener Rechenformeln
Positionierung von Ausgaben
Überwachung von Eingaben

19. Erzeugung von Bildschirmtabellen

Einsetzen von Bezeichnungen für Zeilen und Spalten
Verschiebung einer Tabelle auf dem Bildschirm
Rechnen und Korrigieren in einer Tabelle
Aufgabenwahl mit einer Menüzeile

20. Tabellenprogramm für Umsatzdarstellung

Anwendung des Schemas für Tabellenprogramme
Zeilen- und Spaltenbezeichnungen
Rechenbefehle für ganze Spalten
Verschachtelte Rechenschleifen

21. Adressen-Datei als sequentielle Datei

Sequentielle Datei mit Diskettenspeicherung
Neuanlegen, Ergänzen und Suchen von Datensätzen
Ändern von einzelnen Datenfeldern
Löschen von ganzen Datensätzen

22. Aufgeteilte Adressen-Datei

Verkürzung der Suchzeit durch Aufteilung
Teilung eines Datenbestandes in mehrere Dateien
Zuordnung von Datensätzen zu Teildateien
Aufruf von Teildateien auf einer Diskette

23. Notizzettel

Das in Abb. 63 gezeigte Programm erlaubt die Eintragung, Lösung und Änderung beliebiger Notizen von maximal 400 Zeichen. Eine Übersicht erlaubt den direkten Zugriff auf 20 Eintragungen.

24. Datei mit Streuspeicherung (HASHCODE)

Das in Abb. 64 gezeigte Programm ermöglicht schnell den direkten Zugriff auf bis zu ca. 220 Datensätzen nach Aufruf des Namens, ohne daß im Arbeitsspeicher ein Suchvorgang notwendig ist.

Vorwort

Wer die ersten Anfangsgründe der Programmiersprache BASIC mit Hilfe des Humboldt-Taschenbuchs »BASIC Schritt für Schritt«* oder auf andere Weise gelernt hat, wird bald den Wunsch haben, nun auch für das tägliche Leben oder die berufliche Praxis nützliche Programme zu entwickeln. Leider ist dies nicht so ganz einfach, denn echtes Programmieren lernt man nur durch vieles Üben und Erfahrungsammeln.

Aufgabe dieses Buches ist es darum, Hinweise zu geben, wie bei der Programmierung vorgegangen werden kann. Dadurch können die vielen Fehler, die jeder macht, wenn er zum erstenmal eine von ihm gewählte Aufgabe in ein Programm umsetzen will, zumindest begrenzt, wenn nicht gar weitgehend vermieden werden.

Es wird vorausgesetzt, daß der Leser die Anwendung der Grundbefehle von BASIC, die praktisch in allen BASIC-Versionen gleich sind, kennt. Sie werden darum im 1. Kapitel nur kurz zusammengefaßt.

Eingehend wird aber dann in den nächsten Kapiteln all das erklärt, was man an handwerklichem Wissen für die ernsthafte Programmierarbeit braucht. Hierzu gehört die richtige Anwendung der Entscheidungsbefehle, der Aufbau von Schleifen und Verzweigungen und der für jede fortschrittliche Programmierarbeit besonders wichtige Umgang mit Variablen-Feldern.

Was bei der Benutzung eines Druckers zu beachten ist, wird im Kapitel 5 erklärt, und das Kapitel 7 befaßt sich mit der Problematik der Datenspeicherung, die in den Handbüchern der Computerhersteller meist recht stiefmütterlich behandelt wird.

---

* Vom selben Autor Dr. H.-J. Sacht (ht 456), Humboldt-Taschenbuchverlag, München

Aber selbst wenn man die Grundlagen der Programmiertechnik beherrscht, braucht man Erfahrung, um selbst Probleme lösen zu können. Um Erfahrung zu sammeln, sind Beispiele sehr nützlich, und so bringt dieses Buch 24 voll erklärte und als Programmliste abgedruckte Beispiele aus den verschiedensten Anwendungsgebieten für Tischcomputer. Hierbei sind allerdings Spielprogramme und Programme zur Lösung mathematischer Probleme nicht enthalten, da es hierüber schon genügend Literatur gibt.

Die Programmbeispiele sind nicht als Programmsammlung gedacht, die man nur abzutippen braucht, denn dies führt erfahrungsgemäß schnell zu Schwierigkeiten, wenn man nicht mit genau dem gleichen Computer arbeitet, mit dem die Programme geschrieben wurden. Sie sind aber so ausgewählt, daß sie als Grundlage für die Entwicklung eigener Programme sowohl für den Heimbedarf als auch für die Verwendung in einem Geschäftsbetrieb, in einer Praxis oder einer Kanzlei benutzt werden können.

Bei allen Beispielen wird ausführlich erklärt, wie man von der Programmaufgabe zur Lösung kommt. Die Programme selbst sind ohne Kommentarzeilen so kurz wie möglich geschrieben, aber im Text ausführlich erklärt. Um die Lesbarkeit zu fördern, stehen zwischen den Befehlswörtern Leerstellen. Die Gesamtlänge der Programme steht immer in der Titelzeile.

Alle Programme dieses Buches sind in Microsoft-BASIC, in einer modernen Version, wie sie zum Beispiel auf den Modellen TRS 80, Genie, Dragon, Epson usw. läuft, und die auch als Extended-BASIC oder als BASIC 80 bekannt ist, geschrieben. Es werden keine nur für einen Computertyp spezifischen Befehle verwendet, und vor allem wird nicht auf die Maschinensprache zurückgegriffen.

So sollte es jedem Computerbesitzer, der BASIC-Grundkenntnisse hat, möglich sein, die Programme zu verstehen und gegebenenfalls auf seinem Computer zum Laufen zu bringen. Vor allem sollen sie ihm aber als Vorbild und Anregung für die eigene Programmarbeit dienen.

Duisburg-Rahm — Dr. Hans-Joachim Sacht

1. Was Sie schon über BASIC wissen sollten

Dies Buch wendet sich an Leser, die schon einige Grundkenntnisse der Programmiersprache BASIC besitzen, und die schon wissen, wie ein Computer bedient wird. Es ist nicht auf einen bestimmten Computertyp oder auf eine bestimmte BASIC-Version abgestellt, sondern soll allen BASIC-Freunden helfen, wirklichen Nutzen von ihren Computern zu haben.

Damit der Leser erkennen kann, was hier schon als bekannt vorausgesetzt wird, werden in diesem Kapitel noch einmal die Grundbegriffe von BASIC zusammengefaßt und erklärt, was man wissen muß, um die folgenden Kapitel zu verstehen. Bekannt sein sollte vor allem die Handhabung der Grundbefehle (Abb. 1, siehe Seite 16), die heute in allen voll ausgebauten BASIC-Versionen vorhanden sind, und die in erster Linie in diesem Buch benutzt werden.

Nur für einen bestimmten Computertyp spezifische Befehle, vor allem POKE-Befehle, werden in den Beispielen dieses Buches nicht verwendet. Wenn es für besondere Aufgaben unterschiedliche Befehle bei verschiedenen Computern gibt, wird darauf im weiteren Text hingewiesen. Der Leser dieses Buches sollte aber seinen eigenen Computer kennen und wissen, wie er zu bedienen ist.

1.1 Direktbetrieb und Programmbetrieb

BASIC ist eine *Dialogsprache*. Der Benutzer kann mit der Tastatur den Computer direkt ansprechen, der dann auf dem Bildschirm antwortet. Hierbei sind zwei Betriebsweisen zu unterscheiden.

Die wichtigsten BASIC-Befehle

Kommandos	RUN	Startet ein Programm
	LIST	Gibt Programmliste aus
	NEW	Löscht Programmspeicher
	CONT	Fortsetzung Programmlauf
Anweisungen	PRINT....	Ausgabebefehl
	LET=...	Wertzuweisung an Variable
	INPUT.,.,.	Aufforderung zur Dateneingabe
	READ.,.,.	Einlesen von Daten
	DATA.,.,.	Daten im Programm
	GOTO...	Unbedingter Sprung
	FOR..=..TO..STEP	Schleifendefinition
	NEXT..	Schleifenende
	IF...THEN...	Bedingter Befehl
	IF...GOTO...	Bedingter Sprung
	GOSUB...	Anruf Unterprogramm
	ON...GOTO...	Errechneter Einsprung
	RETURN	Rücksprung zum Hauptprogramm
	DIM..(.,.)	Speicherplatzreservierung
	STOP	Anhalten des Programmlaufs
	END	Ende des Programms
	REM	Für Kommentarzeilen

Operatoren	+	Addition	=	Gleichheit
	−	Subtraktion	⟨⟩	ungleich
	*	Multiplikation	⟩	größer als
	/	Division	⟩=	größer oder gleich
	∧	Potenzierung	⟨	kleiner als
	(.)	Vorrang	⟨=	kleiner oder gleich

Numerische Funktionen	ABS (X) Absolutwert	SQR (X) Quadratwurzel
	SGN (X) Vorzeichen	EXP (X) e^x
	INT (X) Ganze Zahl	LOG (X) Logarithmus
	SIN (X) Sinus	LN (X) Natürl. Logarithmus
	COS (X) Cosinus	RND (Ø) Zufallszahl
	TAN (X) Tangens	TAB (X) Tabulatorstellen
	ATN (X) Arcustangens	SPC (X) Zwischenräume

Zeichenketten Funktionen	LEN (X$)	Länge der Zeichenkette
	ASC (X$)	ASCII Code des 1. Zeichens, dezimal
	CHR $ (X)	Zeichen entsprechend ASCII dezimal
	VAL (X$)	Wandelt Ziffernkette in Zahl
	STR $ (X)	Wandelt Zahl in Ziffernkette
	LEFT $ (X$, n)	Trennt die n vorderen Zeichen ab
	RIGHT $ (X$, n)	Trennt die n hinteren Zeichen ab
	MID $ (X$, m, n)	Trennt vom mten Zeichen n Zeichen ab

Abb. 1: Die wichtigsten BASIC-Grundbefehle (BASIC-Hochsprache)

Es gibt eine ganze Reihe von BASIC-Befehlen, die als *direkte Kommandos* gegeben werden können. Im *Direktbetrieb* werden diese Kommandos sofort vom Computer ausgeführt, wenn nach der Eingabe die RETURN-Taste – sie kann bei einigen Computern auch CR oder ENTER oder NEW LINE heißen – betätigt wird.

Direkte Kommandos werden vor allem auch für das Speichern und Laden von Programmen verwendet. Die Vorschriften sind je nach Computertyp und Speichermedium etwas unterschiedlich, jeder Computerbenutzer sollte aber wissen, wie er vorgehen muß, um seine Programme zu speichern und zu laden.

Im *Programmbetrieb* dagegen arbeitet der Computer die Befehle ab, die als Programm in seinem Programmspeicher stehen. Beginnt eine Eingabe auf der Tastatur mit einer Zahl, betrachtet er diese als Zeilennummer und legt den nachfolgenden Text zunächst einmal in seinem Programmspeicher ab. Erst auf das Kommando RUN sortiert er die Zeilennummern in aufsteigender Ordnung und führt die darin stehenden Befehle aus.

Die Befehlsausführung wird durch das *Betriebsprogramm* BASIC-INTERPRETER gesteuert, das jeden BASIC-Befehl in die betreffenden Befehle der *Maschinensprache* des Computers übersetzt. Die Übersetzung erfolgt bei einem Interpreter während des Programmlaufs. Findet der Interpreter dabei einen Befehl, den er nicht versteht, also einen Fehler des Programmierers, bricht er den Programmlauf ab und meldet den Fehler. Der Bedienende hat dann die Möglichkeit, den Fehler zu berichtigen, und er kann das Programm wieder neu starten. Es gibt auch Computer, bei denen die eingegebenen Befehle vor dem Speichern auf Fehler geprüft werden.

Die Zeilennummern für ein Programm sind vom Programmierer beliebig wählbar. Meist können die Zahlen von 1 bis über 65 000 benutzt werden, so daß kein Grund besteht, mit den Nummern zu sparen. Mit Hilfe gerader Hunderter- oder Tausender-Nummern kann man den Anfang eines neuen Programmteils, auch *Programmmodul* genannt, hervorheben. Im übrigen arbeitet man meist mit Zehnersprüngen, damit man nachzutragende Befehle leicht einsetzen kann.

1.2 Die Sprachelemente von BASIC

Unterscheiden muß man die folgenden Gruppen:

Kommandos werden vom Computer im Direktbetrieb ausgeführt.

Anweisungen sind Befehle, die der Computer in einem Programm verarbeitet.

Funktionen stellen jeweils einen Wert entsprechend einer durch den Namen der Funktion festgelegten Regel – meist unter Benutzung des in Klammern folgenden *Arguments* – bereit.

Operatoren dienen als *Rechenzeichen*, wenn Zahlen durch eine Rechenoperation verbunden werden sollen, oder als *Vergleichszeichen*, wenn Zahlen oder Worte miteinander verglichen werden sollen.

Satz- und Sonderzeichen haben die verschiedensten Bedeutungen. Satzzeichen werden insbesondere als *Trennzeichen* verwendet, während die Sonderzeichen der Schreibmaschinentastatur meist für die Kennzeichnung von besonderen Befehlen oder Variablen benutzt werden.

Voraussetzung für den ordnungsgemäßen Lauf eines BASIC-Programms ist die genaue Einhaltung der *Syntax* dieser Sprache. Man versteht darunter alle Regeln, die festlegen, wie die Sprachelemente verwendet und miteinander verbunden werden dürfen. Es kommt hierbei auf jedes Zeichen und ganz besonders auf die richtige Verwendung der Satz- und Sonderzeichen an.

Leider ist die Syntax der verschiedenen BASIC-Versionen sogar bei den Grundbefehlen etwas unterschiedlich. So ist zum Beispiel die Anzahl der Zeichen, die in einer *Zeichenkette* gespeichert werden dürfen, nicht immer gleich, Groß- und Kleinschreibung wird unterschiedlich akzeptiert, und Zwischenräume werden nicht immer ignoriert, aber manchmal vorgeschrieben.

Bei allen Versionen können sowohl *Zahlen*, die ohne besonderes Kennzeichen als Konstante im Programm stehen können, und *Zeichenketten* (englisch STRINGS), die innerhalb von Anführungsstrichen stehen müssen, bearbeitet werden. Zahlen dürfen nur die Ziffernsymbole 0 bis 9 und die Vorzeichen + und – enthalten. Bei Zeichenketten sind alle Ziffern, Buchstaben und die Satz- und Sonderzeichen mit Ausnahme der Anführungsstriche zugelassen.

1.3 Der Umgang mit Variablen

Variable sind symbolische Namen, die im Programm als Statthalter für Zahlen oder Zeichenketten verwendet werden dürfen. Jeder im Programm herangezogenen Variablen werden ganz bestimmte Speicherplätze zugewiesen, in denen während des Programmlaufs beliebige Werte oder Zeichen abgespeichert werden können. Wird später im Programm die betreffende Variable wieder verwendet, holt sich der Computer aus den betreffenden Speicherstellen die dort abgelegten Zahlen oder Zeichen, setzt sie statt der Variablen in den Befehl ein und arbeitet damit.

Variablennamen müssen immer mit einem Buchstaben beginnen, meist ist ein zweites Zeichen erlaubt (Abb. 2). Einige BASIC-Versionen gestatten auch die Verwendung längerer Worte als Variablennamen, aber manchmal sind dann doch nur die beiden ersten Zeichen für den Computer *signifikant*, das heißt nur diese werden ausgewertet.

Gültige Variablennamen

A B C D E F ...... U V W X Y Y

AA	AB	AC	AD	AE	....	AW	AX	AY	AY
BA	BB	BC	BD	BE	....	BW	BX	BY	BZ
....	....	....	....	....	....	....	....	....	....
ZA	ZB	ZC	ZD	ZE	....	ZW	ZX	ZY	ZZ
A0	A1	A2	A3	A4	A5	A6	A7	A8	A9
B0	B1	B2	B3	B4	B5	B6	B7	B8	B9
....	....	....	....	....	....	....	....	....	....
Z0	Z1	Z2	Z3	Z4	Z5	Z6	Z7	Z8	Z9

Verbotene Variablennamen: AT IF ON OR FN

Abb. 2: Variablennamen
Der Name einer Variablen muß immer mit einem Buchstaben beginnen, dem noch ein beliebiges Zeichen folgen kann. Einige Kombinationen, die als Befehlsworte verwendet werden, sind unzulässig

Immer gibt es drei *Variablentypen*. Zahlenvariable, die allein für Rechnungen benutzt werden dürfen, haben keinen Zusatz nach dem Namen, wenn *gebrochene Zahlen*, also Zahlen mit einer Dezimaltrennung (englisch REAL) gemeint sind. Soll aber eine Zahl als *Ganzzahl* (englisch INTEGER) gespeichert werden, muß an den Variablennamen noch das Prozentzeichen angehängt werden. *Zeichenkettenvariable*, die alle Buchstaben und Ziffern und die Satz- und Sonderzeichen enthalten dürfen, bekommen nach dem Namen ein Dollarzeichen.

Einige BASIC-Versionen unterscheiden bei den Zahlenvariablen noch zwischen *einfacher Genauigkeit* (Kennzeichen, wenn notwendig das Ausrufungszeichen) und *doppelter Genauigkeit* (gekennzeichnet durch das Doppelkreuz).

Bei allen BASIC-Versionen gibt es dann noch *indizierte* oder *Feldvariable*, die für fortgeschrittene Programmierarbeit besonders wichtig sind. Ihr Name setzt sich immer aus dem Feldnamen und der oder den in Klammern folgenden *Indexziffern* zusammen. Steht nur eine Indexziffer in der Klammer, spricht man von einem *eindimensionalen Feld*, bei zwei durch Kommas getrennten Indexziffern von einem *zweidimensionalen Feld* usw. Es ist sehr wichtig zu verstehen, daß jedes *Feldelement*, gekennzeichnet durch Feldname und Index, eine eigene Speicherstelle beansprucht, so daß jedes Element auch unterschiedliche Zahlen oder Zeichen aufnehmen kann. Bei allen modernen BASIC-Versionen können sowohl Zahlen- als auch Zeichenkettenfelder gebildet werden.

Feldvariable werden in der Literatur auch als *Bereichsvariable* bezeichnet, um eine Verwechslung mit den Feldern eines Datensatzes zu vemeiden. Übernommen aus dem Amerikanischen werden auch öfter die Begriffe *Vector* für ein eindimensionales Feld und *Matrix* für ein zweidimensionales Feld.

Der Speicherplatz für Felder muß immer mit dem DIM-Befehl reserviert (*dimensioniert*) werden, wenn das betreffende Feld mehr als 10 Elemente hat. Bei einigen BASIC-Versionen werden alle Zeichenketten als eindimensionale Felder behandelt, für die entsprechend der Länge der Kette eine Dimensionierung erfolgen muß.

Einige Versionen verlangen, daß einer Variablen, bevor sie im Programm benutzt wird, mit dem LET-Befehl oder dem Gleichheitszeichen ein Wert, der auch 0 sein kann, zugewiesen wird. Andere Versionen setzen einfach 0 ein, wenn eine Variable im Programm vorkommt, der noch kein Wert zugewiesen wurde.

Der einer Variablen zugewiesene Wert bleibt im ganzen Programm erhalten, bis ihr ein anderer Wert zugewiesen oder der Befehl CLEAR gegeben wird, der alle Variablenspeicher löscht. Ebenso werden alle Speicher beim Start eines Programms mit RUN gelöscht. Will man dies vermeiden, muß man das Programm mit GOTO mit nachfolgender Zeilennummer starten.

1.4 Der Aufbau von Rechenausdrücken

Bei den meisten BASIC-Versionen sind Ganzzahlen nur in dem Bereich von −32768 bis +32767 zulässig. Die Grenzen bei *Fließpunktzahlen* sind unterschiedlich, für die üblichen Rechnungen aber immer ausreichend. Man versteht hierunter eine Zahlendarstellung, bei der ein Punkt zur Dezimaltrennung je nach der Größe der Zahl an unterschiedlicher Stelle stehen kann.

Die Anzahl der genau gerechneten Stellen ist begrenzt. Üblich ist, daß 6 bis 9 Stellen genau berechnet werden und dann bei kleineren oder größeren Zahlen die *Exponentialdarstellung* gewählt wird. Einige Versionen erlauben auch, mit erhöhter Genauigkeit zu arbeiten, dann sind 14 oder noch mehr genau gerechnete Stellen möglich.

Bei allen Rechnungen muß man allerdings berücksichtigen, daß *Rundungsfehler* nicht auszuschließen sind. Da die Zahlenein- und ausgaben grundsätzlich als Dezimalzahlen erfolgen, intern aber mit Binärzahlen gerechnet wird, muß zweimal umgerechnet werden, was diese Fehler verursachen kann.

Als *Rechenausdruck* oder *Ausdruck* (englisch EXPRESSION) versteht man die Verbindung von Zahlen mit Rechenoperatoren. Rechenausdrücke können immer dort eingesetzt werden, wo im Befehl auch Variable stehen können. Erlaubt sind nur die folgenden Operatoren:

+	für Additionen
−	für Subtraktionen
*	für Multiplikationen
/	für Divisionen
^	zum Potenzieren
( )	für den Vorrang beim Rechnen

Gerechnet wird grundsätzlich nach der »Punkt-vor-Strich«-Regel. Das bedeutet, nach der Klammer mit höchstem Vorrang werden zuerst die Potenzierungen, dann Multiplikationen bzw. Divisionen und zum Schluß Additionen bzw. Subtraktionen ausgeführt. Sonst wird ein Ausdruck grundsätzlich von links nach rechts abgearbeitet.

Einen besonderen Operator für das Wurzelziehen gibt es nicht. Für Quadratwurzeln kann die SQR-Funktion verwendet werden. Andere Wurzeln lassen sich durch Potenzierung mit dem Kehrwert des Radikanden berechnen. Es gibt eine Reihe von Rechenfunktionen, die für das Argument, jeweils nach einer bestimmten Regel gerechnet, einen Ergebniswert zur Verfügung stellen.

1.5 Fehler und Fehlersuche in Programmen

Jeder Programmierer muß mit Fehlern rechnen, die gesucht und korrigiert werden müssen, wenn ein Programm richtig laufen soll. Am leichtesten zu finden sind noch *Syntaxfehler* (Abb. 3). Das sind Fehler, die ihre Ursache in einer falschen Schreibweise oder falscher Anwendung der Sprachelemente haben. Sie werden bei der Übersetzung durch den Interpreter erkannt und auf dem Bildschirm gemeldet.

Befehle mit Syntaxfehlern	Grund für Fehlermeldung
`10 A = 121o`	O anstelle von 0 eingegeben
`B = 10`	Zeilennummer vergessen
`3 0 C = A*B`	Leerstelle in der Zeilennummer
`40 PINT C`	Unrichtiges Befehlswort
`50 D = C:B`	Falschen Operator verwendet
`60 PRINT PRODUKT";C`	Anführungsstriche fehlen am Anfang
`70 E = "ERGEBNIS"`	Hinter String-Variable fehlt $
`80 A+B = E`	Zuweisung falsch formuliert
`90 GOTO B`	Nach GOTO nur Zeilennr. erlaubt

Abb. 3: Die wichtigsten Syntaxfehler

Einige BASIC-Versionen zeigen auch genau die Stelle im Programm, wo der Fehler aufgetreten ist, die meisten begnügen sich aber mit der Meldung der fehlerhaften Zeilennummer, und einige melden nur schlicht SYNTAX ERROR. In jedem Fall wird aber der Programmlauf abgebrochen, und der Computer geht zur Arbeitsweise »Direktbetrieb« über.

Ablauffehler entstehen, wenn ein Programm nicht in der richtigen Folge läuft, wie es der Programmierer geplant hat. Die Ursache liegt meist in falsch eingesetzten Sprungzielen oder in falschem Schleifenlauf. Der Computer kann diese Fehler nur ausnahmsweise erkennen und melden, wenn zum Beispiel versucht wird, eine Zeilennummer anzuspringen, die keinen Befehl enthält.

Überhaupt nicht erkennen kann ein Computer die *logischen Fehler*, die der Programmierer gemacht hat, indem er falsche Befehle oder Operatoren eingesetzt hat.

Bei der Fehlersuche muß man logisch vorgehen. Syntaxfehler findet man meist, wenn man sich die fehlerhafte Zeile noch einmal ganz genau ansieht. Es gibt aber auch ganz hartnäckige Syntaxfehler, die man nicht erkennen kann. Sie entstehen zum Beispiel, wenn durch falsche Tastenbetätigung ein nicht druckbares Zeichen in einen Befehl hineingerät. Manchmal hilft es darum, wenn eine Fehlerzeile noch einmal ganz sorgfältig eingegeben wird.

Selten vorkommende Befehlsfolgen, bei denen man die Syntax nicht genau kennt, muß man gegebenenfalls im Direktbetrieb ausprobieren.

Wenn der Computer nach einer Fehlermeldung den Programmlauf abbricht, werden die Variablenspeicher noch nicht gelöscht. Mit dem PRINT-Befehl im Direktbetrieb kann deren Inhalt abgefragt werden, wodurch man oft der Fehlerursache auf die Spur kommen kann.

Schwieriger ist die Fehlersuche, wenn der Computer keine Meldung ausgibt. Am besten ist es dann, an die als kritisch vermutete Stelle, meist liegt sie in einer Schleife, einen zusätzlichen STOP-Befehl einzusetzen. Man kann dann auch wieder die Variablen untersuchen, aber auch das Programm jederzeit mit dem CONT-Kommando fortsetzen.

Wenn das zu mühsam ist, kann man statt des STOP-Befehls auch einen zusätzlichen PRINT-Befehl schreiben, der die kritischen Variablen ausgibt.

Diese zusätzlichen Befehle sollten immer am Anfang einer neuen Zeile stehen und niemals an eine Zeile angehängt werden, da man sonst zu leicht vergißt, sie zu löschen, wenn sie nicht mehr gebraucht werden. Als nützlich hat es sich erwiesen, für Prüfbefehle immer Zeilen mit einer 1 hinten zu verwenden, die man zum Löschen leicht wiederfindet. Zusätzliche PRINT-Befehle sollten mit einem oder zwei Kommas beginnen, damit die Ausgabe erst rechts auf dem Bildschirm erscheint und nicht mit regulären Ausgaben verwechselt wird.

2. Abfragen, Entscheidungen und Schleifen

Die »Intelligenz« eines Computers beruht im wesentlichen darauf, daß er zwei Bitmuster vergleichen und entsprechend dem Ergebnis sein Programm auf verschiedene Weise fortsetzen kann. Die Programmierung derartiger *Entscheidungen* gehört also zu den wichtigsten Elementen eines Programms.

Oft geht der Entscheidung eine *Abfrage* voraus, die der Benutzer durch eine Eingabe beantworten muß. Es gibt viele Möglichkeiten, Eingaben zu programmieren, aber nicht alle sind für alle Zwecke geeignet. Die Wahl des richtigen Eingabebefehls und die richtige Formulierung einer Abfrage tragen wesentlich dazu bei, ein Programm kurz und effektiv, aber doch bedienerfreundlich zu machen.

Zur Verkürzung eines Programms werden vorwiegend *Schleifen* verwendet. Auch sie können auf sehr unterschiedliche Weise programmiert werden, was die Gefahr der falschen Formulierung verstärkt. Es gibt aber gerade bei der Programmierung von Schleifen einige Regeln, die unbedingt eingehalten werden sollten.

In diesem Kapitel werden die genannten *Strukturelemente* eines Programms ausführlich besprochen, denn ihre Beherrschung ist Voraussetzung für jede fortgeschrittene Programmierarbeit.

2.1 Vor- und Nachteile der verschiedenen Eingabebefehle

In allen BASIC-Versionen gibt es mindestens zwei Eingabebefehle. Beide haben Vor- und Nachteile, so daß man beim Programmieren sorgfältig abwägen sollte, welcher Befehl geeigneter ist. Programmierer, die grundsätzlich nur mit einem Befehl arbeiten, nutzen die Möglichkeiten ihres Computers nicht aus.

INPUT

Der INPUT-Befehl ist praktisch in allen voll ausgebauten Dialekten in gleicher Weise anwendbar. Grundsätzlich wird durch diesen Befehl eine Tastatureingabe der im Befehl stehenden Variablen zugewiesen. Vorteilhaft ist es, daß man bei den meisten BASIC-Versionen die Erklärung für den Benutzer, wofür die Eingabe angefordert wird, als Zeichenkette in den Befehl schreiben kann. Man spart so einen besonderen PRINT-Befehl.

Der Hauptvorteil dieses Befehls liegt aber in der Möglichkeit für den Benutzer, Eingabefehler gleich wieder korrigieren zu können. Jede Tastatureingabe wird sofort auf dem Bildschirm gezeigt, und falsche Zeichen können mit der *Löschtaste* (BACK-SPACE) wieder gelöscht werden.

Als Vorteil kann weiterhin noch angesehen werden, daß der Computer meist überprüft, ob die Eingabe zur im Befehl stehenden Variablen paßt und mit dem Wort REDO zu erneuter Eingabe auffordert, wenn versucht wird, einen Buchstaben in eine Zahlenvariable zu schreiben.

Der INPUT-Befehl hat aber auch seine Nachteile. Da das Komma als Trennzeichen zwischen zwei Eingaben verwendet wird, kann es mit diesem Befehl nicht eingegeben werden. Das gleiche gilt meist für den Doppelpunkt und die Anführungszeichen.

Manchmal kann es auch unerwünscht sein, daß die eingegebenen Zeichen und auch das Wort REDO bei falscher Variablenzuweisung sofort auf dem Bildschirm erscheinen, was einen Maskenaufbau zerstören kann. Hinzu kommt, daß eine Zeilenschaltung nach erfolgter Eingabe nicht verhindert werden kann.

Einige ältere BASIC-Versionen (zum Beispiel cbm) haben dann noch die unangenehme Eigenschaft, daß das Programm abgebrochen wird, wenn nach einem INPUT-Befehl nur die RETURN-Taste allein betätigt wird. Um dies zu vermeiden, sollte man immer die in den Commodore-Handbüchern gezeigte Routine mit in das Programm einbauen.

GET oder INKEY$

Der zweite Befehl, der für Eingaben verwendet werden kann, ist ein Abfragebefehl für die Tastatur, der bei den verschiedenen BASIC-Versionen unterschiedlich zu verwenden ist, und für den auch zwei verschiedene Befehlsworte gebräuchlich sind. Grundsätzlich wird mit diesem Befehl der Tastenwert sofort einer Zeichenkettenvariablen zugewiesen, ohne daß die RETURN-Taste zu betätigen ist. Hierfür muß meist eine Warteschleife programmiert werden. Einige Computer (zum Beispiel Apple) gehen selbst in Wartestellung.

Mit diesem Befehl können alle Zeichen der Tastatur, manchmal mit Ausnahme der Anführungsstriche, eingegeben werden. Für die Anzeige der Tastatureingabe muß ein besonderer PRINT-Befehl geschrieben werden, so daß man diese gut dort positionieren kann, wo man sie hinhaben will.

Nachteilig bei diesem Befehl ist, daß auch Zahlen einer String-Variablen zugewiesen werden. Wenn man später mit den Zahlen rechnen oder sie im ON . . . GOTO-Befehl verwenden will, muß man sie erst mit Hilfe der VAL-Funktion wandeln.

Der schwerwiegendste Nachteil bei der Eingabe mit GET oder INKEY$ liegt aber bei den meisten BASIC-Versionen in der mangelnden Korrekturmöglichkeit. Die Löschtaste wirkt zwar auf den Bildschirm, setzt aber nur ein Steuerzeichen in den Speicher der Variablen hinter das zu löschende Zeichen, ohne dieses selbst zu löschen. Zur Ermöglichung von Eingabekorrekturen kann man aber ein kleines Programm schreiben, das in Abb. 4 gezeigt wird.

```
100 GOSUB 1000
110 PRINT A$ :  END
999 REM Eingaberoutine mit INKEY$.    INKEYRUT
1000 E$=INKEY$: IF E$="" THEN 1000
1010 PRINT E$;: D$=D$+E$
1020 IF ASC(E$)=8 THEN D$=LEFT$(D$,LEN(D$)-2)
1030 IF ASC(E$)=13 THEN A$=D$: D$="": RETURN
1040 GOTO 1000
```

Abb. 4: Die Verwendung des INKEY$-Befehls
Die gezeigte kleine Routine gibt die mit INKEYS eingegebenen Zeichen auf dem Bildschirm aus und löscht ein Zeichen auf dem Bildschirm und im Speicher, wenn die Löschtaste (ASCII-Wert = 8) betätigt wurde

Bei dem hier verwendeten Genie-Computer ist 8 der ASCII-Wert für die Löschtaste und 13 für RETURN. In Zeile 1000 steht die Warteschleife, die verlassen wird, wenn eine Taste betätigt wird. In Zeile 1010 steht der Befehl für die Ausgabe des Zeichens und die Zusammensetzung der Kette. Wenn die Löschtaste betätigt wurde, muß die Kette D$ um 2 Zeichen verkürzt werden, da auch der Code der Löschtaste gespeichert wurde. Die Ausgabe der Kette und die Rückkehr zum Hauptprogramm mit der Eingabe in D$ erfolgt, wenn die RETURN-Taste betätigt wurde. Vorher wird noch der Code für die auch gespeicherte RETURN-Taste abgetrennt.

LINE INPUT

Die Nachteile beider Befehle vermeidet der bei vielen neueren BASIC-Versionen vorhandene LINE INPUT-Befehl. Er ermöglicht wie GET und INKEY$ die Eingabe aller Tastaturzeichen, versetzt den Computer aber auch in Wartestellung. Die Abspeicherung der Eingabe erfolgt erst nach RETURN, so daß die Löschtaste für Korrekturen wirksam bleibt.

Dieser Befehl wird aber bei den Beispielen dieses Buches nicht verwendet, da er nicht bei allen BASIC-Versionen verfügbar und auch noch etwas unterschiedlich zu benutzen ist.

2.2 Der Entscheidungsbefehl IF ... THEN ... (ELSE)

Die Funktion des Befehls, mit dem die Entscheidung über den Fortgang des Programms je nach der Wahrheit einer Ja/Nein-Bedingung programmiert wird, ist auch jedem BASIC-Anfänger geläufig. Die Befehlsworte sind recht einleuchtend:

WENN die Bedingung als wahr erkannt wird,
DANN folgender Befehl, SONST nächste Zeile.

Trotzdem gibt es aber bei diesem Befehl eine ganze Reihe von Einzelheiten, die man wissen und beachten muß.

Zunächst zur Formulierung der Bedingung. Sie darf nur unter Verwendung der erlaubten Vergleichsoperatoren geschrieben werden und muß sich eindeutig mit »Ja« oder »Nein« beantworten lassen.

Die Operatoren sind in allen BASIC-Versionen gleich und können wie folgt erklärt werden:

Bedingung	**Bedingung ist erfüllt, wenn**
A = B	A gleich B ist
A <> B	A ungleich B ist
A > B	A größer als B ist
A >= B	A größer oder gleich B ist
A < B	A kleiner als B ist
A <= B	A kleiner oder gleich B ist

Meist kann statt <> auch >< und statt <= auch =< geschrieben werden, aber hierauf kann man sich nicht bei allen BASIC-Versionen verlassen.

Verglichen werden können Zahlen, das Ergebnis von Rechenausdrücken und meist auch Zeichenketten. Es können sowohl Konstante als auch Variable auf beiden Seiten des Vergleichsoperators stehen, beide Seiten müssen aber dem gleichen Typ angehören.

Zahlen werden bis zur letzten signifikanten Dezimalstelle verglichen. Wegen möglicher Rundungsfehler kann nach Rechenoperationen nicht ausgeschlossen werden, daß zwei Zahlen, die gleich sein müßten, doch nicht als gleich erkannt werden, so daß es manchmal zweckmäßig sein kann, statt des =-Operators den <=-Operator oder den >=-Operator zu verwenden.

Etwas unterschiedlich verhalten sich die BASIC-Versionen beim Vergleich von Zeichenketten. Einige können dabei nur feststellen, ob die Ketten gleich sind oder nicht. Alle besser ausgebauten Versionen erkennen aber auch, ob eine Kette größer oder kleiner ist als die andere. Kleiner bedeutet in diesem Fall, daß die ASCII-Werte der einzelnen Zeichen kleiner sind. Da der Buchstabe A den kleinsten ASCII-Wert von allen Buchstaben hat, kann auf diese Weise nach dem Alphabet sortiert werden (Abb. 5, siehe Seite 30).

Schwierigkeiten beim Vergleich können entstehen, wenn eine als Zeichenkette eingegebene Zahl mit einer reinen Zahl verglichen werden soll. Dies ist nur möglich, wenn die Zahl im String vorher mit Hilfe der VAL-Funktion in eine Zahl gewandelt wurde. Umgekehrt geht dies aber nicht so einfach. Wandelt man nämlich vor dem Vergleich die Zahl mit der STR$-Funktion in eine Zeichenkette um, wird dort auch das (meist nicht sichtbare) Vorzeichen mitgespeichert, und ein Vergleich ist nur möglich, wenn dieses vorher abgetrennt wurde.

ASCII Code

hex	dez.	ASCII	hex	dez.	ASCII	hex	dez.	ASCII	hex	dez.	ASCII
00	0	NUL	20	32	Space	40	64	@	60	96	\
01	1	SOH	21	33	!	41	65	A	61	97	a
02	2	STX	22	34	"	42	66	B	62	98	b
03	3	ETX	23	35	#	43	67	C	63	99	c
04	4	EOT	24	36	$	44	68	D	64	100	d
05	5	ENQ	25	37	%	45	69	E	65	101	e
06	6	ACK	26	38	&	46	70	F	66	102	f
07	7	BEL	27	39	'	47	71	G	67	103	g
08	8	BS	28	40	(	48	72	H	68	104	h
09	9	HT	29	41	)	49	73	I	69	105	i
0A	10	LF	2A	42	*	4A	74	J	6A	106	j
0B	11	VT	2B	43	+	4B	75	K	6B	107	k
0C	12	FF	2C	44	,	4C	76	L	6C	108	l
0D	13	CR	2D	45	—	4D	77	M	6D	109	m
0E	14	SO	2E	46	.	4E	78	N	6C	110	n
0F	15	SI	2F	47	/	4F	79	O	6F	111	o
10	16	DLE	30	48	0	50	80	P	70	112	p
11	17	DC1	31	49	1	51	81	Q	71	113	q
12	18	DC2	32	50	2	52	82	R	72	114	r
13	19	DC3	33	51	3	53	83	S	73	115	s
14	20	DC4	34	52	4	54	84	T	74	116	t
15	21	NAK	35	53	5	55	85	U	75	117	u
16	22	SYN	36	54	6	56	86	V	76	118	v
17	23	ETB	37	55	7	57	87	W	77	119	w
18	24	CAN	38	56	8	58	88	X	78	120	x
19	25	EM	39	57	9	59	89	Y	79	121	y
1A	26	SUB	3A	58	:	5A	90	Z	7A	122	z
1B	27	ESC	3B	59	;	5B	91	[	7B	123	{
1C	28	FS	3C	60	<	5C	92	'	7C	124	'
1D	29	GS	3D	61	=	5D	93	]	7D	125	}
1E	30	RS	3E	62	>	5E	94	↑	7E	126	~
1F	31	US	3F	63	?	5F	95	—	7F	127	DEL

Abb. 5: Der ASCII-Code in der internationalen Version
In der deutschen Version sind die Codierungen mit den Dezimalwerten 91, 92 und 93 den großen Umlauten Ä, Ö und Ü zugewiesen. Die kleinen Umlaute haben den Code 123, 124 und 125. Für das ß ist 126 vorgesehen. Die Bedeutung der Steuerzeichen 0 bis 31 ist nicht ganz einheitlich

In die Bedingung können auch auf einer Seite oder beiden Seiten des Operators die Funktionen CHR$(×) (gibt das Zeichen entsprechend dem ASCII-Wert von × aus) und ASC(×$) (gibt den ASCII-Wert des Zeichens ×$ aus) gesetzt werden, nur muß man dann darauf achten, daß ein ASCII-Wert nur mit einer Zahl und ein Zeichen nur mit einer Zeichenkette verglichen werden kann.

In einigen Versionen sind auch verschachtelte Vergleiche in der Form

IF . . . THEN IF . . . THEN . . .

erlaubt. Programmtechnisch sind derartige Befehle aber nur selten notwendig, da man Mehrfachbedingungen besser unter Verwendung der logischen Operatoren AND und OR schreibt. Einige erlaubte Vergleiche werden in dem kleinen Demonstrationsprogramm in Abb. 6 gezeigt.

```
9 REM Verschiedene Vergleiche  VERGLEIC
10 A=5: B=6: C=7: D$="5"
20 IF A < B THEN PRINT"20 ist wahr
30 IF A<B IF B<C THEN PRINT"30 ist wahr
40 IF(A-B)+(B-C)=-2 THEN PRINT"40 ist wahr
50 IF(A<B)+(B<C)=-2 THEN PRINT"50 ist wahr
60 IF VAL(D$)=A THEN PRINT"60 ist wahr
70 IF D$=CHR$(53) THEN PRINT"70 ist wahr
80 IF ASC(D$)=53 THEN PRINT"80 ist wahr
90 IF A=VAL(CHR$(53)) THEN PRINT "90 ist wahr
100 IF STR$(A)=D$ THEN PRINT"100 ist wahr"
110 IF MID$(STR$(A),2,1)=D$ THEN PRINT"110 ist wahr

RUN
20 ist wahr
30 ist wahr
40 ist wahr
50 ist wahr
60 ist wahr
70 ist wahr
80 ist wahr
90 ist wahr
110 ist wahr
READY
```

Abb. 6: Formulierungen von Bedingungen in IF . . . THEN-Befehlen
In voll ausgebauten BASIC-Versionen gibt es sehr viele Möglichkeiten, die Bedingung, deren Wahrheit in den Befehlen geprüft wird, zu schreiben. Dem Leser wird empfohlen, die Beispiele genau durchzuarbeiten. Wichtig ist immer, daß nur Zahlen mit Zahlen und Zeichenketten mit Zeichenketten verglichen werden können. Bei der Wandlung einer Zahl in eine Zeichenkette ist zu beachten, daß erstere immer noch das meist unsichtbare Vorzeichen enthält, das als erstes Zeichen in der Kette gespeichert wird

Es gibt allerdings Computer, die bei diesem Programm in Zeile 30 einen Syntaxfehler melden, da bei ihnen vor dem zweiten IF ein THEN stehen muß, was andere Computer wiederum mit einer

Fehlermeldung beantworten. Es kann auch vorkommen, daß Zeile 50 nicht angenommen wird, wenn das Rechnen mit Vergleichsergebnissen nicht erlaubt ist oder anders erfolgt.

Bei den Zeilen 100 und 110 gibt es auch zwei Möglichkeiten. Viele Computer speichern bei der Wandlung von Ziffern in Zeichenketten als erstes auch bei positivem Vorzeichen eine Leerstelle mit ab. Diese muß abgetrennt werden, wenn mit einer Ziffer ohne Leerstelle in einer Kette verglichen werden soll. Wenn der Computer in dieser Weise arbeitet, ist Zeile 110 wahr, wenn nicht, wird Zeile 100 als wahr erkannt. Das kleine Programm ist also gut geeignet, den eigenen Computer zu prüfen.

Beim Prüfen eines Programms mit kompliziert aufgebauten Entscheidungsbefehlen ist zu beachten, daß falsch aufgebaute Vergleiche nicht immer zum Programmabbruch mit Fehlermeldung führen, sondern manchmal nur einen falschen Programmlauf bewirken.

Es gibt aber einen wesentlichen Unterschied bei den BASIC-Versionen bezüglich der Meldung des Vergleichsergebnisses. Viele Versionen erzeugen den Wert −1, wenn ein Vergleich als »wahr« erkannt wurde, und den Wert 0, wenn er »falsch« ist. Im Gegensatz dazu wird (zum Beispiel Apple) bei wahrem Vergleich eine 1 und bei falschem Vergleichsergebnis eine 0 gesetzt.

Normalerweise verwendet man für Mehrfachbedingungen die Operatoren AND und OR. Wichtig ist, daß vor und nach jedem dieser Operatoren immer ein vollständiger Vergleichsausdruck stehen muß. Wenn beide Bedingungen erfüllt sein sollen, muß man zum Beispiel schreiben

```
IF A > B AND A < C THEN . . . .
```

Soll es genügen, wenn nur eine Bedingung erfüllt ist, lautet der Befehl

```
IF A > B OR A < C THEN . . . .
```

Zwei Bedingungen mit Ungleich-Operatoren kann man übrigens nicht mit OR verbinden, sondern muß statt dessen schreiben:

```
IF A <> B AND A <> C THEN . . . .
```

Die Bedingung wird als falsch erkannt, wenn entweder A=B oder A=C ist.

Bei den Computern, die −1 bei wahrer Bedingung erzeugen, gibt es oft noch eine andere Möglichkeit, Mehrfachbedingungen zu programmieren. Man kann nämlich auch mit den Vergleichergebnissen rechnen. Statt

IF A = 5 AND B = 100 THEN . . . . kann man schreiben

IF (A=5)+(B=100) = −2 THEN . . . .

Wenn man jetzt noch den NOT-Operator, der das Ergebnis eines Vergleiches (als Binärzahl gesehen) umkehrt, also aus −1 eine 0 macht, hinzunimmt, ergeben sich manchmal ganz interessante Programmiermöglichkeiten, die allerdings auf den ersten Blick nicht leicht zu verstehen sind.

Abb. 7 zeigt ein kleines Beispiel für ein so geschriebenes Programm, das untersucht, ob eine Zahl innerhalb eines gegebenen Intervalls liegt oder größer beziehungsweise kleiner ist.

```
9 REM Prüfung einer Zahl ZAHLPRUF
10 INPUT"Zahl 6..9";A
20 H=(A>5)+(A<10)+NOT(A>9)
30 PRINT A>5; A<10; NOT A>9
40 IF H=-2 THEN PRINT"Zu klein": GOTO 10
50 IF H=-1 THEN PRINT"Zu groß": GOTO 10
60 PRINT"Im Intervall"
70 GOTO 10

RUN
Zahl 6..9? 3
 0 -1 -1
Zu klein
Zahl 6..9? 7
-1 -1 -1
Im Intervall
Zahl 6..9? 10
-1  0  0
Zu groß
Zahl 6..9?
```

Abb. 7: Rechnen mit Vergleichsergebnissen
Je nachdem ob eine Bedingung als wahr oder falsch erkannt wird, speichern die Computer eine bestimmte Zahl als Merker (FLAGG), mit der auch gerechnet werden kann. Beim Beispiel wird −1 für wahr und 0 für falsch erzeugt

Hier wird geprüft, ob die Zahl zwischen 6 und 9 liegt. Es ist zu erkennen, daß die Summe der Kennwerte dreier Vergleiche der Hilfsvariablen H zugewiesen wird. Dann werden die Ergebnisse der Vergleiche zur Kontrolle ausgegeben und die Hilfsvariable in verschiedenen Entscheidungsbefehlen geprüft und ausgegeben.

2.3 Abfragen im Programm

Wenn der Benutzer bestimmen kann, wie ein Programm weiterlaufen soll, muß er entsprechend gefragt werden und seine Antwort mit der Tastatur eingeben. Da die Antwort nur als binäre Ja/Nein-Entscheidung ausgewertet werden kann, muß die Frage so formuliert werden, daß auch nur »Ja« oder »Nein« als Antwort möglich ist.

Die Frage selbst kann in einem PRINT-Befehl gestellt werden. Einfacher ist es aber noch, wenn die verwendete BASIC-Version dies zuläßt, die Frage in den Erklärungsteil des INPUT-Befehls in Anführungsstriche vor den Variablennamen zu setzen.

Nach Meinung des Verfassers ist die Verwendung des INPUT-Befehls bei derartigen Abfragen besser als die Benutzung von GET oder INKEY$, vor allem weil der Benutzer noch die Möglichkeit hat, eine aus Versehen falsch eingegebene Eingabe zu korrigieren, denn die Eingabe wird erst verarbeitet, wenn die RETURN-Taste gedrückt wird. Im Gegensatz dazu reagiert der Computer nach einer Eingabe mit GET oder INKEY$ sofort, was wiederum nur durch zusätzlichen Programmaufwand unterbunden werden kann.

Wenn man eine derartige Abfrage programmieren will, muß man vorher entscheiden, ob sowohl »Ja« als auch »Nein« ausgewertet werden sollen, oder ob die Auswertung einer Aussage genügt. Sicherer läuft ein Programm, wenn beide Aussagen in getrennten Entscheidungsbefehlen geprüft werden, aber oft genügt auch die Prüfung nur einer Aussage. Im ersten Fall wird eine Schleife verwendet, um jede unzulässige Eingabe zurückzuweisen, im zweiten Fall bedeutet jede Eingabe, die abweichend von dem im Vergleichsausdruck stehenden Wort ist, ein »falsch« bei der Entscheidung mit entsprechendem Programmlauf.

Drei Möglichkeiten für die Anordnung der Befehle bei Abfragen zur Steuerung des Programmlaufs sind in Abb. 8 gezeigt.

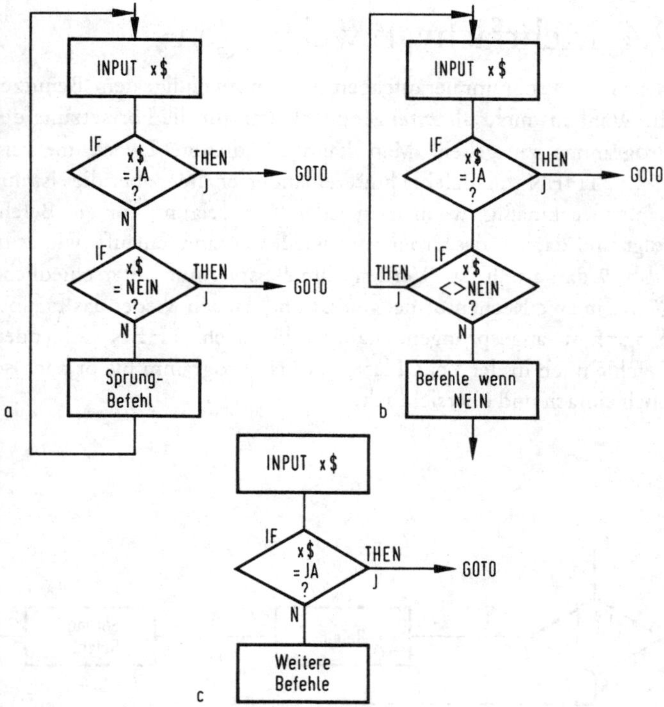

Abb. 8: Aufbau von JA/NEIN-Abfragen im Programm
Mit zwei Entscheidungsbefehlen und einem Sprungbefehl wird dafür gesorgt, daß das Programm nur weiterläuft, wenn JA oder NEIN korrekt eingegeben wurden (a). Das gleiche kann auch ohne Sprungbefehl mit dem Ungleich-Operator im zweiten Entscheidungsbefehl erreicht werden (b). Wenn das Programm nur bei JA anders laufen soll, genügt eine Entscheidung (c)

Wenn der Computer große und kleine Buchstaben unterscheidet, kann es zu einem falschen Programmlauf kommen, wenn die Eingabe anders erfolgt, als im Programm vorgesehen. Um dies zu vermeiden, ist es zweckmäßig, im Entscheidungsbefehl alle erlaubten Eingaben aufzunehmen und mit OR zu verbinden. Man schreibt dann zum Beispiel

IF X$=»JA« OR X$=»ja« OR X$=»Ja« THEN . . . .

kann aber auch schreiben

IF (X$=»JA«)+(X$=»ja«)+(X$=»Ja«) = −1 THEN . . .

2.4 Mehrfachverzweigungen

Bei vielen Programmieraufgaben ist es notwendig, dem Benutzer die Wahl aus mehr als zwei Möglichkeiten für die Fortsetzung des Programms zu geben. Man kann zu diesem Zweck mehrere IF . . . THEN . . .-Befehle hintereinanderschalten, aber dies ist nur dann zweckmäßig, wenn nach jeder Verzweigung nur ein Befehl folgt und danach das Programm wieder zusammenläuft, wie es in Abb. 9 dargestellt ist. Werden zum Beispiel nur unterschiedliche Werte in eine Rechenformel gesetzt und danach wieder das Hauptprogramm angesprungen, haben alle nach THEN folgenden Befehle noch in der Zeile Platz, und das Programm bleibt auch so noch einfach und übersichtlich.

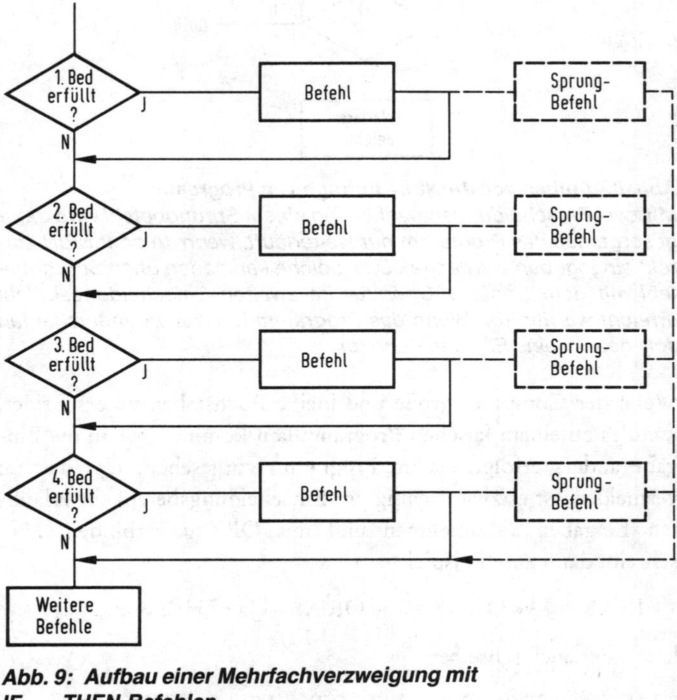

Abb. 9: Aufbau einer Mehrfachverzweigung mit IF . . . THEN-Befehlen

Wenn jedoch für die verschiedenen auszuwählenden Programmteile mehr Befehle notwendig sind, als nach THEN noch untergebracht werden können, werden Mehrfachverzweigungen immer besser mit den Auswahlbefehlen ON . . GOTO . . . . oder ON . . GOSUB . . . . geschrieben. Auch diese Befehle sind einfach anzuwenden. Dem Befehlswort ON muß der Name einer Zahlenvariablen folgen. Nach GOTO beziehungsweise GOSUB sind durch Kommas getrennt die Zeilennummern einzusetzen, die wahlweise angesprungen werden sollen, wenn die Variable nach ON die Werte 1, 2, 3 usw. hat.

Man braucht also nur die einzelnen Wahlmöglichkeiten mit Zahlen zu versehen und diese mit einem INPUT-Befehl abzufragen und der im Befehl stehenden Variablen zuzuweisen. Das Programm springt dann bei Eingabe einer 1 zur ersten Zeilennummer im Befehl, bei einer 2 zur zweiten Zeilennummer und so weiter. Auf sehr einfache Weise kann man Falscheingaben ausschalten, wenn nach dem ON . . GOTO . .-Befehl ein Rücksprungbefehl zur Anzeige der Wahlmöglichkeiten erfolgt.

Bei der Verwendung dieser Befehle muß man immer im Auge behalten, wie das Programm nach Abarbeitung des angesprungenen Teils weiterlaufen soll. Wird der Befehl mit GOSUB verwendet, erfolgt immer ein Rücksprung zu dem Befehl, der dem ON . . GOTO-Befehl folgt. Wenn dies nicht erwünscht ist, weil das Hauptprogramm nach den Teilprogrammen unterschiedlich weiterlaufen soll, muß GOTO im Befehl verwendet werden (Abb. 10, Seite 38).

Man spricht von einem *Menü* entsprechend der englischen Bezeichnung für eine Speisenkarte, wenn dem Benutzer mehrere Wahlmöglichkeiten in sauberer Darstellung auf dem Bildschirm angeboten werden. Am einfachsten ist die Auswahl aus einem Menü, wenn die einzelnen Positionen mit Zahlen versehen sind. Die eingegebenen Zahlen können dann direkt im ON . . . GOTO-Befehl verwendet werden.

Wenn es erwünscht ist, Buchstaben zu wählen, weil diese sich leichter merken lassen, sollte man die Wandlung der Buchstaben in Zahlen in einer Schleife vornehmen lassen, wie es in dem kleinen Programm in Abb. 11 (Seite 39) zu sehen ist.

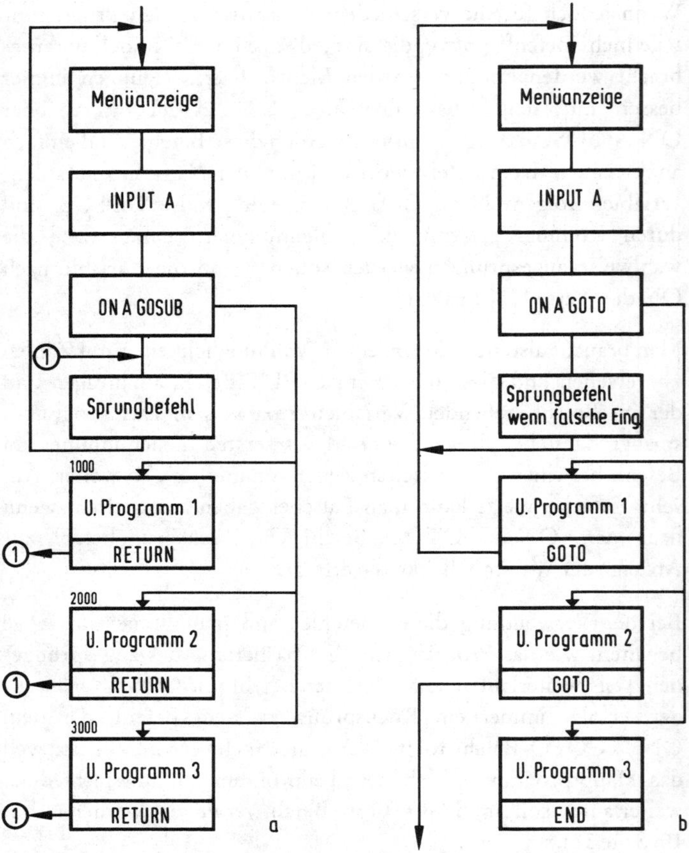

Abb. 10: ON . . GOTO- und ON . . GOSUB-Befehle nach einer Menüanzeige
Wenn das Programm nach den angesprungenen Unterprogrammen unterschiedlich weitergehen soll, ist ON . . GOTO zu verwenden (b), sonst ON . . GOSUB (a)

Die fünf erlaubten Kennbuchstaben sind in Zeile 170 als Zeichenkette zusammengefaßt. In der folgenden Schleife wird geprüft, ob einer der Kennbuchstaben mit der Eingabe übereinstimmt, dann wird die Schleife abgebrochen. Der Wert der Laufvariablen ist die Kennziffer für die folgende Mehrfachverzweigung. Findet kein Aussprung aus der Schleife statt, ist ein falscher Buchstabe eingegeben worden.

```
9 REM Menüauswahl mit Buchstaben  MENUWAHL
100 PRINT"M e n ü a u s w a h l": PRINT
110 PRINT"     B = Bearbeiten
120 PRINT"     L = Löschen
130 PRINT"     A = Anfügen
140 PRINT"     N = Neueinrichten
150 PRINT"     E = Ende
160 INPUT X$
170 Y$="BLANE"
180 FOR K = 1 TO 5
190 IF X$=MID$(Y$,K,1) THEN 300
200 NEXT: PRINT"Unzulässige Eingabe": GOTO 100
300 ON K GOTO 1000,2000,3000,4000,5000
1000 'Unterprogramm für Bearbeiten
2000 'Unterprogramm für Löschen
3000 ' usw
```

Abb. 11: Auswahl aus einem Menü mit Buchstabeneingabe

2.5 Programmierung von Schleifen

Richtig programmierte Schleifen können alle Programme ganz bedeutend verkürzen. Im Gegensatz zu den meisten anderen Programmiersprachen gibt es aber bei BASIC nur eine durch besondere Befehle festgelegte Schleifenkonstruktion, für die die Befehle FOR . . TO . . STEP . . und NEXT gelten. Bei dieser Schleife, die allgemein bekannt sein dürfte, läuft ein *Schleifenzähler,* auch *Laufvariable* genannt, mit, der bei jedem Schleifendurchgang verändert wird. Der Abbruch erfolgt, wenn die Laufvariable den Wert angenommen hat, der nach TO programmiert wurde.

FOR . . . NEXT . . . STEP-Befehle

FOR . . . NEXT-Schleifen bieten dem Programmierer viel Möglichkeiten, aber es sind auch Eigenarten dabei zu beachten. Zunächst muß man berücksichtigen, daß bei den meisten BASIC-Versionen eine FOR . . . NEXT-Schleife auch dann einmal läuft, wenn die Abbruchbedingung schon zu Beginn erfüllt war, denn die Prüfung der Bedingung erfolgt erst beim NEXT-Befehl.

Es gibt aber auch Versionen, bei denen die Prüfung, ob die Abbruchbedingung erfüllt ist, schon am Schleifenanfang stattfindet. Es ist darum empfehlenswert, das eigene BASIC hieraufhin und auch bezüglich des Verhaltens bei gebrochenen Zahlen als

Laufvariable zu untersuchen. Es gibt Versionen, die diese Zahlen als Ganzzahlen behandeln. Beides kann mit dem kleinen Programm erfolgen, das in Abb. 12 gezeigt wird.

```
1 REM Schleifenprüfung  SCHLEIPR
5 A = 1
10 FOR K = 1 TO A
20 PRINT"Die Abbruchbedingung wird
30 PRINT"am Ende der Schleife geprüft
40 NEXT
50 FOR K = 1 TO A +.1 STEP .1
60 PRINT"Keine Wandlung in Ganzzahl,
70 PRINT"wenn Schleife 2 mal läuft
80 NEXT
```

Abb. 12: Prüfung der Wirkung der FOR . . . NEXT-Befehle
Bei den meisten BASIC-Versionen läuft die Schleife auch dann einmal, wenn die Abbruchbedingung schon zu Beginn erfüllt ist. Die Prüfung dieser Bedingung findet also erst am Ende der Schleife statt. Wenn die BASIC-Version anders arbeitet, wird der Text im Prüfprogramm nicht ausgegeben

Rechenausdrücke als Anfangs- und Endwerte der Laufvariablen und als Schrittweite sind fast immer zugelassen. Ebenso ist es immer möglich, mit der Laufvariablen in der Schleife zu rechnen oder diese sogar in der Schleife durch eine Rechnung zu verändern. Letzteres sollte man allerdings nur mit äußerster Vorsicht programmieren, da sich jede Veränderung der Laufvariablen bei unveränderter Abbruchbedingung auf die Anzahl der Schleifenläufe auswirkt.

Bei der Verschachtelung von FOR . . . NEXT-Schleifen besteht die Beschränkung, daß die zuerst aufgerufene Schleife als letztes abgeschlossen sein muß.

Unbedingt verboten sind Einsprünge in FOR . . . NEXT-Schleifen. Aussprünge sind zwar erlaubt, sollten aber auch nur ausnahmsweise nach einem Entscheidungsbefehl programmiert werden, wenn das Angebot zu einer bedingten Verzweigung in einer vorgegebenen Anzahl von Schleifenläufen wiederholt werden soll.

Da die Schleife in diesem Fall nicht ordnungsgemäß abgeschlossen wird, darf die darin verwendete Laufvariable nicht wieder benützt werden.

Dieselbe Laufvariable kann in einem Programm aber ohne weiteres mehrfach verwendet werden, wenn die vorherige Schleife abgeschlossen ist, da am Anfang der Schleife immer eine neue Wertzuweisung an die Laufvariable erfolgt. Man findet darum in vielen Programmen immer wieder die Variable I als Schleifenzähler. Der Verfasser ist allerdings der Meinung, daß der Variablenname I hierfür recht ungeeignet ist, da er zu leicht mit der Ziffer 1 zu verwechseln ist, und verwendet K und J in den Schleifen.

Andere Schleifenkonstruktionen

Wenn eine Programmaufgabe vorliegt, die mit der FOR . . . NEXT-Schleifenkonstruktion nicht oder nur umständlich zu lösen ist, kann man jederzeit Schleifen auch mit einem Entscheidungsbefehl und einem unbedingten Sprungbefehl schreiben. Dies ist oft dann zweckmäßig, wenn die Anzahl der Schleifenläufe unbestimmt ist, und die Abbruchbedingung in einem Schleifenbefehl geändert wird.

Grundsätzlich muß eine Schleife die folgenden Befehle enthalten:

1. Einen Entscheidungsbefehl, der prüft, ob die Bedingung zu Abbruch erfüllt ist,
2. einen Rücksprungbefehl, der wirksam wird, wenn die Abbruchbedingung nicht erfüllt ist, und
3. die eigentlichen Schleifenbefehle, die in jedem Durchgang wirksam werden sollen.
4. Hinzukommen kann noch ein Befehl, der den Wert der Variablen in der Abbruchbedingung vor dem Schleifenanfang festlegt, und/oder
5. ein Befehl, der den Wert dieser Variablen bei jedem Schleifendurchgang ändert.

Je nach der Reihenfolge dieser Befehle können Schleifen mit unterschiedlichen Eigenschaften entstehen.

Die Reihenfolge 4, 3, 5, 1, 2 ergibt die Konstruktion der üblichen FOR . . . NEXT-Schleife mit Prüfung der Abbruchbedingung am Ende.

Die Reihenfolge 4, 1, 3, 5, 2 ergibt eine FOR . . . NEXT-Schleife, bei der die Abbruchbedingung schon zu Beginn geprüft wird.

Die Reihenfolge 1, 3, 2 entspricht der DO . . WHILE Schleife in anderen Programmiersprachen, bei der die Änderung der Abbruchbedingung in den Schleifenbefehlen erfolgt, und der Vergleich vor jedem Schleifenlauf geschieht.

Die Reihenfolge 3, 1, 2 entspricht der DO . . UNTIL-Schleife in anderen Programmiersprachen, bei der der Vergleich nach dem Schleifenlauf erfolgt.

Die Reihenfolge 5, 3, 1, 2 ergibt eine Zählschleife, bei der der Schleifenzähler vor Beginn der Schleife den Wert 0 hat.

Die Reihenfolge 4, 3, 1, 5, 2 ergibt eine Zählschleife, bei der der Schleifenzähler vor Beginn der Schleife auf 1 gesetzt werden muß.

Der Abbruch einer Schleife kann unter Verwendung des Gleich- und des Ungleich-Operators programmiert werden, wie in der Abb. 13 gezeigt. Mit letzterem wird eine Zeile mit dem Rücksprungbefehl gespart.

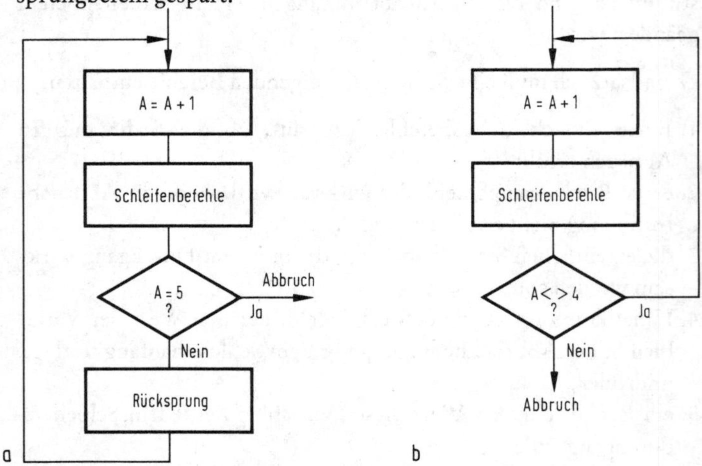

Abb. 13: Schleifenabbruch mit Gleich- und Ungleich-Operator
Wenn bei Schleifen statt des Gleich-Operators (a) im Bedingungsbefehl für den Abbruch mit dem Ungleich-Operator (b) gearbeitet wird, kann ein Sprungbefehl gespart werden

Die Vielzahl der möglichen Schleifenkonstruktionen ist etwas verwirrend. Man sollte sich darum auf zwei oder drei Ausführungen beschränken, denn ein großer Teil aller Ablauffehler hat ihren Ursprung in der unrichtigen Folge der Befehle in einer Schleife.

3. Aufbau und Entwicklung von BASIC-Programmen

Bei allen etwas größeren Programmieraufgaben lohnt es sich, vorher nachzudenken, ehe man die ersten Befehle schreibt. BASIC verführt zwar dazu, sich an die Tastatur zu setzen und drauflos zu programmieren. Bei kleineren Programmen geht dies ganz gut, aber bei größeren Aufgaben entstehen dann doch leicht die berüchtigten »Spaghettiprogramme«, die selbst der Programmierer nach einigen Wochen nicht mehr lesen kann, weil zu viel im Programm herumgesprungen wird.

Eine vernünftige Vorbereitung ist darum zwingend für alle Aufgaben, die über kleine Übungsprogramme hinausgehen, und bringt den Vorteil, daß die Programme lesbar bleiben und jederzeit erweitert und ausgebaut werden können.

Die in diesem Kapitel gegebenen Hinweise stellen aber keine absolut verbindliche Regel dar. BASIC ist sehr flexibel, und jeder kann seine Programme so schreiben, wie es ihm beliebt. Wer aber den hier gegebenen Anregungen folgt, wird schneller zum Ziel kommen, bessere Programme zu schreiben.

3.1 Vorbereitung für das Programmieren

Wenn man ein nützliches Programm schreiben will, liegt meist eine allgemein umrissene Aufgabe oder zumindest eine Idee, was mit dem Programm erreicht werden soll, vor. Das reicht aber noch nicht. Bevor man mit der Arbeit beginnen kann, muß der Zweck, den das Programm erfüllen soll, ganz klar herausgearbeitet werden. Das bedeutet, ein Programm ist nur dann nützlich, wenn es eine ganz bestimmte Aufgabe bestmöglich erfüllt.

Liegt der Programmzweck vor, gilt es den Lösungsweg zu finden. Hierfür ist es zunächst notwendig, die Programmaufgabe so detailliert wie möglich in Worten zu beschreiben. Am besten gelingt dies, wenn man sich gedanklich alle Einzelaufgaben vornimmt und festlegt, wie das Programm sie erledigen soll.

Hierzu gehört zum Beispiel, ohne daß diese Liste jemals vollständig sein kann:

- Wie soll das Programm beginnen und welche Erklärungen braucht der Benutzer?
- Wie werden die Daten, die im Programm verarbeitet werden sollen, eingegeben?
- Welche Wahlmöglichkeiten für verschiedene Programmläufe sollen dem Benutzer geboten werden?
- Was soll das Programm als Ergebnisse liefern?
- Wie sollen die Ergebnisse dem Benutzer dargestellt werden?
- Welche Falscheingaben durch den Benutzer sind zu verhindern?
- Müssen Daten, die das Programm erzeugt hat, gespeichert und bei einem neuen Programmlauf wieder eingelesen werden?
- Wie wird das Programm beendet?

Nach der Programmbeschreibung geht es an die *Problemanalyse.* Sie ist eine Untersuchung, die das Problem darauf durchleuchtet, welche Mittel eingesetzt werden müssen, um es zu lösen, und gegebenenfalls verschiedene Lösungsmöglichkeiten gegeneinander abwägt.

Auch hier können nur einige Beispiele genannt werden, die die Lösung einer Programmieraufgabe beeinflussen und die darum untersucht werden müssen.

- Bei allen etwas anspruchsvollen Aufgaben sind Daten zu verarbeiten. Für den Programmaufbau spielt die Art und die Menge dieser Daten eine große Rolle, so daß zur Analyse derartiger Programme immer die Aufstellung eines *Datengerüstes* gehört.
- Überlegungen sind notwendig, auf welche Weise die Daten gespeichert werden können. Die Verwendung verschiedener *Dateitypen* ist gegeneinander abzuwägen.
- Es ist zu untersuchen, wie die gewünschte Ausgabe der Ergebnisse am besten gestaltet werden kann.

- Die Programmaufgabe ist daraufhin zu untersuchen, ob es darin zeitkritische Momente gibt.
- Wenn verschiedene Teilaufgaben gelöst werden sollen, ist die Häufigkeit, mit der sie angefordert werden, zu untersuchen, da dies den Programmaufbau beeinflussen kann.
- Wichtig ist auch eine Analyse der gewünschten oder notwendigen Benutzerführung. Kann hier ein Lernprozeß vorausgesetzt werden, wodurch zeitaufwendige Erklärungen eingeschränkt werden können?

Es ist logisch, daß diese Problemanalyse je nach der vorliegenden Aufgabe einfach oder aber auch sehr aufwendig sein kann. Sie erspart aber sehr viel Umwege in der Programmierarbeit.

3.2 Strukturierter Programmaufbau

Wenn die Programmaufgabe analysiert und die bestmögliche Lösung gefunden ist, muß diese verwirklicht werden. Auch jetzt sollte man aber noch nicht direkt an den Computer gehen, denn weitere Vorüberlegungen sind zweckmäßig.

Jedes Computerprogramm soll eine klare *Struktur* besitzen. Darunter versteht man, daß es aus einzelnen, klar voneinander abgegrenzten und auch einzeln prüfbaren Teilprogrammen, die oft *Programmblöcke* oder *Module* genannt werden, besteht. Kennzeichen eines gut strukturierten Aufbaus ist es, wenn die einzelnen Programmblöcke nur einen Eingang und (möglichst) nur einen Ausgang haben. Sprungbefehle innerhalb der Blöcke sind erlaubt, ebenso auch der Anruf von Unterprogrammen. Hin- und Herspringen zwischen den Modulen ist streng verboten.

Es gibt eine Reihe von Hilfsmitteln, die die Strukturierung eines Programms erleichtern. Der Verfasser verwendet gern zu diesem Zweck *Modultabellen*, wie sie auch bei verschiedenen Beispielen in den weiteren Kapiteln gezeigt werden. Im Prinzip geht es hierbei darum, alle Aufgaben des Programms, die als in sich abgeschlossene Teilaufgabe betrachtet werden können, untereinander zu schreiben und deren Ablauf festzulegen.

Bei kleinen Programmen ist dies einfach. Bei mathematischen Programmen gibt es oft nur 3 Programmblöcke:

- Eingabe der Variablen
- Rechnen nach vorgegebener Formel
- Ausgeben des Ergebnisses.

Hierfür braucht man natürlich keine große Tabelle aufzustellen; aber schon, wenn das Programm Wahlmöglichkeiten anbieten soll, oder wenn Lese- und Speichervorgänge mit einbezogen werden sollen, wird der modulare Aufbau komplizierter.

Bei größeren Programmen erfordert die Modultabelle erhebliche gedankliche Arbeit, die aber wiederum beim eigentlichen Programmschreiben vielfach eingespart wird.

Steht die Modultabelle, zunächst in ungeordneter Reihenfolge geschrieben, ist der *Ablauf des Programms,* das heißt die Reihenfolge und die Art, wie die einzelnen Module ablaufen und angerufen werden, festzulegen. Hier sind nun die Meinungen über die Zweckmäßigkeit gewisser Strukturen geteilt.

Einige Programmautoren verwenden ein meist recht kurzes *Hauptprogramm*, von dem aus alle Module als *Unterprogramme* angesprungen werden, wie es in Abb. 14a dargestellt ist. Der Verfasser ist aber der Meinung, daß diese Programmiertechnik nicht besonders empfehlenswert ist. Unterprogramme bringen nur dann einen echten Vorteil, wenn sie im Programm von mehreren Stellen angerufen werden, sonst erschweren sie nur die Lesbarkeit.

```
 10 Initialisieren
 20 GOSUB 100
 30 GOSUB 200
 40 GOSUB 300
 50 END
100 1. Programmodul
 :
180 RETURN
200 2. Programmodul
 :
260 RETURN
300 3. Programmodul
 :
390 RETURN
```

a

```
 10 Initialisieren
100 1. Programmodul
 :
170 letzter Befehl 1. Modul
200 2. Programmodul
 :
250 letzter Befehl 2. Modul
300 3. Programmodul
 :
380. letzter Befehl 3. Modul
390 END
```

b

Der Gegensatz zur eben geschilderten Technik ist die *lineare* oder *geradeaus Programmierung* (Abb. 14b). Hier werden alle Befehle, die hintereinander ablaufen müssen, auch hintereinander geschrieben, wobei Schleifen und auch Verzweigungen, die nicht zum Verlassen des Moduls führen, mit eingeschlossen werden.

Selbstverständlich kann man größere Programme nicht allein mit linearer Programmierung schreiben. Man wird darum im allgemeinen beide Techniken miteinander verbinden und hintereinander gehörige Module auch hintereinander schreiben und die übrigen nach Auswahlbefehlen mit GOSUB oder GOTO anspringen.

Wenn ein Teilprogramm nur von einer Stelle angesprungen wird, braucht nicht immer der GOSUB-Befehl verwendet zu werden. Nach diesem Befehl wird das übergeordnete Programm immer mit der nächstfolgenden Programmzeile fortgesetzt, wenn das Teilprogramm mit RETURN abschließt. Es kann durchaus zweckmäßig sein, das Teilprogramm mit GOTO anzuspringen und an sein Ende einen weiteren GOTO-Befehl zu setzen. Man kann so zum Beispiel an den Anfang des übergeordneten Programms zurückspringen.

Nach diesen Überlegungen zurück zur Modultabelle. Es bleibt jedem überlassen, ob er den Programmablauf zum Beispiel durch Numerierung der in linearer Folge zu programmierenden Teile und Kennzeichnung der anzuspringenden Teil- oder Unterprogramme in der Modultabelle festlegen will, oder dafür ein *Flußschaubild* zeichnet. Eins von beiden ist in jedem Fall für die Führung der eigentlichen Programmierarbeit notwendig.

Wird ein Flußdiagramm gezeichnet, sollte dieses nur die Verzweigungen im Programmablauf darstellen und noch keine Einzelheiten der Befehle in den Modulen enthalten. Man spricht hier auch von einem *beschreibenden Flußdiagramm* im Gegensatz zum *Befehlsdiagramm*. In einigen der folgenden Beispiele wird gezeigt, was damit gemeint ist.

◁ ***Abb. 14: Hauptprogramm mit Unterprogramm oder lineare Programmierung***

3.3 Befehlsanordnung und Befehlsschreibung

Wenn das Problem so weit aufbereitet ist, kann es an die eigentliche Programmierung, also an das Formulieren der Befehle gehen. Bei allen etwas größeren Programmen sind aber Überlegungen angebracht, in welcher Reihenfolge die einzelnen Teilaufgaben zu bearbeiten sind.

Hier gibt es zwei Verfahren, die durch die englischen Ausdrücke TOP DOWN und BOTTOM UP gekennzeichnet sind. Bei dem ersten, auf deutsch als »*schrittweise Verfeinerung*« bezeichnet, fängt man mit dem übergeordneten Programm an, ohne sich um die hierarchisch nachfolgenden Teil- und Unterprogramme zu kümmern, die dann später nach und nach ausgebaut werden.

Beim anderen Verfahren, das man »*mit dem Kern beginnend*« bezeichnen kann, fängt man mit dem Programmteil an, der als Hauptteil in jeder Programmvariante laufen soll, baut dann das Programm Modul für Modul weiter aus und faßt alles am Schluß durch ein übergeordnetes Programm zusammen.

In der Praxis werden oft beide Methoden vermischt. Bei kleineren Programmen wird man meist mit dem Kern beginnen, während man bei größeren Programmen besser erst den Gesamtaufbau mit dem Hauptprogramm festlegt.

Für die Wahl der Zeilennummern hat sich die Regel bewährt, jedes Modul mit einer runden 100er oder 1000er Nummer zu beginnen. Man kann dann in der Programmliste schnell erkennen, wo etwas Neues anfängt, und braucht nicht unbedingt REM-Zeilen zu diesem Zweck einzuschalten. Die Zeilen selbst werden zunächst in 10er-Schritten numeriert. Vergessene Befehle können dann einfach zwischengesetzt werden.

Sehr zu empfehlen ist es, die Befehle mit einem Leerzeichen vor und hinter dem Befehlswort zu schreiben, wie es übrigens bei anderen Programmiersprachen (zum Beispiel Logo) und auch bei einigen BASIC-Versionen vorgeschrieben ist. Die Lesbarkeit der Programme wird dadurch entscheidend verbessert. Bei den heute üblichen Größen des Arbeitsspeichers spielen die wenigen zusätzlich für die Speicherung der Zwischenräume notwendigen Speicherplätze keine Rolle.

Wenn die verwendete BASIC-Version dies erlaubt, kann man kurze Befehle, die logisch zusammengehören, unter Verwendung des Doppelpunktes als Trennzeichen in eine Zeile schreiben. Schleifen müssen immer am Zeilenanfang beginnen, und zweckmäßig ist dies auch für IF . . . THEN-Befehle, da sie meist recht lang sind. Befehle zum Ansprung eines Unterprogramms sollen möglichst auch am Anfang einer Zeile stehen, damit sie gut erkennbar sind. Wenn die Befehle RETURN und NEXT nicht am Zeilenanfang stehen, sollten sie durch einen kleinen Abstand hervorgehoben werden.

Außer bei PRINT-Befehlen für einen mehrzeiligen Text sollte man Befehle, die unter einer Zeilennummer über mehrere Anzeigezeilen laufen, vermeiden, da beim Zeilensprung auch Befehlsworte zerrissen werden. Leider läßt sich diese Regel nicht anwenden, wenn ein Computer nur 32 oder gar nur 22 Zeichen in einer Bildschirmzeile zeigt.

Abschließend hierzu noch ein Rat. Wenn Sie wollen, daß Ihre Programme auch von anderen verstanden werden, sollten Sie sich bemühen, Ihre Programme in »BASIC-Hochsprache« zu schreiben. Hierunter ist zu verstehen, daß nur Sprachelemente verwendet werden, die in allen modernen BASIC-Versionen vorkommen. Dies bedeutet, daß computerspezifische Befehle nach Möglichkeit nicht zu verwenden sind. Ganz besonders trifft dies auf die Benutzung von PEEK- und POKE-Befehlen zu, die man nur verstehen kann, wenn man mit dem gleichen Computer arbeitet.

4. Beispielprogramme für reinen Bildschirmbetrieb

Oft können kleine Programme, die auch schon auf wenig ausgebauten Computer-Systemen laufen, sehr nützlich sein und viel Arbeit sparen. Dies gilt insbesondere für alle Aufgaben, bei denen immer wieder nach einem gleichen Schema gerechnet werden muß. Mit einem kleinen Computerprogramm sind derartige Arbeiten um vieles bequemer und schneller zu erledigen als mit einem Taschenrechner.

In diesem Kapitel soll zunächst gezeigt werden, wie Programme geschrieben werden können, für die der Bildschirm als Ausgabegerät ausreicht. Dies ist immer der Fall, wenn ein nur für den Augenblick interessantes Ergebnis erzeugt werden soll, und keine Protokollierung notwendig ist.

Beispiel 1: Statistische Rechnungen

Lernziele

Formulierung von Rechenausdrücken
Programmaufbau in einer Schleife
Programmierung des Schleifenabbruchs
Darstellung in Kolonnen mit Überschrift

Für die Auswertung von Meßreihen, zum Beispiel bei Maßkontrollen, aber auch sonst, wenn eine Reihe von Zahlenwerten zu beurteilen ist, setzen sich immer mehr die Methoden der statistischen Qualitätskontrolle durch.

Es soll ein Programm entwickelt werden, das aus eingegebenen Zahlenwerten laufend den Mittelwert und die Standardabweichung berechnet und nebeneinander den Meßwert, die Standardabweichung und den Mittelwert anzeigt.

Um ein derartiges Programm schreiben zu können, muß man die Formeln, nach denen Mittelwert und Standardabweichung zu berechnen sind, kennen. Ebenso wichtig ist es aber auch, daß man die mathematischen Kenntnisse hat, diese so umzuformen, daß sie sich leicht programmieren lassen.

In diesem Fall findet man in den Lehrbüchern folgende Formeln für den Mittelwert:

$$\bar{x}\ldots = \frac{1}{n} \sum_{1=1}^{n} x_i$$

und für die Standardabweichung

$$S = \sqrt{\frac{1}{n-1}\left(\sum_{1=1}^{n} (x_1-\bar{x})^2\right)}$$

In dieser Form sind sie zur Programmierung noch wenig geeignet. Wenn man als Variable

MW für den Mittelwert,
ST für die Standardabweichung,
N für die Anzahl der Werte und
W für den einzelnen Meßwert einführt,

kann man die Formeln wie folgt schreiben:

$$MW = \frac{\Sigma W}{N}$$

$$ST = \sqrt{\frac{N \cdot \Sigma W^2 - (\Sigma W)^2}{N \cdot (N-1)}}$$

Der Aufbau des Programms ist bei dieser Aufgabe von vornherein klar. Das Programm muß in einer Schleife laufen, die die Befehle für die Eingabe eines Meßwertes, für das Berechnen von Mittelwert und Standardabweichung und für die Ausgabe der drei Werte enthalten muß.

Das in Abb. 15 dargestellte Programm zeigt aber doch, daß noch einiges zu bedenken ist, damit auch ein so einfaches Programm einwandfrei läuft. Dazu folgende Erklärungen:

```
10 REM Statistische Rechnungen  STATRECH 362 Byte
20 CLS
50 PRINT"Laufende Berechnung von Standabweichung"
60 PRINT"           und Mittelwert": PRINT
70 PRINT"Zum Abbruch <9999> eingeben"
100 PRINT"Meßwert","Stand.Abw.","Mittelwert"
110 INPUT W :N=1: S=W: SQ=W*W
120 INPUT W: IF  W=9999 THEN END
140 N=N+1: S=S+W: MW=S/N: SQ=SQ+W*W
150 V=(N*SQ-S*S)/(N*(N-1))
160 ST=SQR(V)
170 PRINT,ST,MW
180 GOTO 120

Laufende Berechnung von Standabweichung
          und Mittelwert

Zum Abbruch <9999> eingeben
Meßwert            Stand.Abw.        Mittelwert
? 12.3
? 12.9
                    .424256           12.6
? 11.3
                    .808295           12.1667
? 12.1
                    .660807           12.15
? 11.9
                    .583087           12.1
```

Abb. 15: Programm und Programmlauf »Statistische Rechnungen«

10–20 Zunächst steht nach der Kurzbezeichnung des Programms und dem daraus abgeleiteten Programmnamen in der REM-Zeile am Anfang in der Zeile 20 ein Löschbefehl für den Bildschirm, der bei der verwendeten BASIC-Version CLS lautet. Dieser Befehl, der bei anderen Versionen auch HOME, CALL CLEAR oder noch anders lauten kann, sollte immer an den Anfang einer Bildschirmausgabe gesetzt werden.

20–70 Jedes Programm sollte am Anfang dem Benutzer zeigen, was das Programm leistet, und was der Benutzer zu tun hat. Insbesondere muß ihm gezeigt werden, wie er das Programm ordnungsgemäß beenden kann.

100 Eine Ausgabe ist nur sinnvoll, wenn auch gezeigt wird, was dargestellt wird. Da hier die drei Werte nebeneinander gezeigt werden sollen, ist es sinnvoll, nur einmal eine Überschrift zu setzen. Der PRINT-Befehl dafür muß außerhalb der Schleife stehen.

110 Bei der Rechenformel gibt es eine Schwierigkeit. Bei dem ersten Wert darf die Rechenformel noch nicht verwendet werden, da sonst der Ausdruck im Nenner des Bruches den Wert 0 annehmen würde, was eine unerlaubte Division durch 0 bedeutet und das Programm abbrechen würde. Die erste Eingabe muß darum außerhalb der Schleife stehen. Der Zähler in der Variablen N muß auf 1 gesetzt werden, und der eingegebene Wert ist in die Mittelwertrechnung und in die Quadratsummenrechnung zu übernehmen.

120 Hier steht der erste Befehl in der Schleife. Nach der Eingabe wird sofort geprüft, ob die Abbruchbedingung schon erfüllt ist. Da hier nur Zahlen für die Eingabe angenommen werden, muß auch eine Zahl als Abbruchkriterium eingegeben werden. Entweder wählt man die 0 oder eine möglichst große Zahl, die sonst nicht vorkommt.

140–170 Es ist immer zweckmäßig, etwas längere Rechenformeln in mehrere Befehle aufzuteilen, da man dann alles besser überblicken und kontrollieren kann. Es werden darum hier noch die Hilfsvariablen

- S für die Summe aller Eingabewerte,
- SQ für die Summe der quadrierten Eingabewerte und
- V für die Varianz, die der quadrierten Standardabweichung entspricht, eingeführt.

170 Im Ausgabebefehl steht nach dem Befehlswort PRINT gleich ein Komma, so daß der erste Wert in der zweiten Kolonne und der zweite Wert wegen des zweiten Kommas in der dritten Kolonne erscheinen. Da der Zeilenvorschub nach dem INPUT-Befehl bei den meisten BASIC-Versionen nicht unterdrückt werden kann, erscheint der eingegebene Wert allerdings eine Zeile höher, was aber zur Vereinfachung des Programmaufbaus in Kauf genommen wird.

Der auch in Abb. 15 gezeigte Programmlauf beweist, daß das Programm richtig arbeitet. Weitere Befehle würden das Programm nur aufblähen und die gestellte Aufgabe nicht besser lösen.

Beispiel 2: Fragebogenauswertung

Lernziele

Wiederholte Eingaben verarbeiten
Aufstellung einer Variablenliste
Plausibilitätsprüfung von Eingaben
Unterprogramm mit blinkender Anzeige

Es ist recht mühsam, eine größere Anzahl von Fragebogen mit Hilfe einer Strichliste auszuwerten. Ein kleines Computerprogramm, das allerdings in seinen Befehlen auf den zu bearbeitenden Fragebogen zugeschnitten sein muß, kann hier Abhilfe schaffen.

Für die Auswertung des in Abb. 16 gezeigten Fragebogens soll ein Programm geschrieben werden, das die einzelnen Fragen absolut und prozentual auswertet. Unsinnige oder aus dem Rahmen fallende Antworten sollen dabei unberücksichtigt bleiben.

Fragebogen

Frage 1
Besitzen Sie ein Auto?

Ja	☐	1
Nein	☐	2

Frage 2
Wieviel Hubraum hat der Wagen?

unter 1000 cm^3	☐	1
1000 bis 2000 cm^3	☐	2
über 2000 cm^3	☐	3

Frage 3
Hat der Wagen einen Benzinmotor? ☐ 1
Dieselmotor? ☐ 2

Frage 4
Wieviel Tausend Kilometer fahren
Sie im Jahresdurchschnitt? ☐

Abb. 16: Fragebogen für Autobesitzer

Die Struktur dieses Programms ist wieder sehr einfach. Es muß in einer Schleife laufen, in der die einzelnen Positionen des Fragebogens abgefragt und bearbeitet werden. Grundsätzlich gibt es aber bei einer derartigen Aufgabe zwei Möglichkeiten:

- Man kann die Eingaben in der Schleife zunächst den Elementen eines oder mehrerer Felder zuweisen und als Variable speichern. Die Bearbeitung, also die Rechenvorgänge, werden dann außerhalb der Schleife am Schluß durchgeführt, wenn alle Eingaben vorliegen.
- Man kann aber auch alle Rechnungen bereits in der Schleife durchführen und nach jedem Schleifenlauf die Ergebnisse ausgeben.

Hier wird die zweite Methode verwendet, da sie im Gegensatz zur ersten, in dem ein oder mehrere Felder im Arbeitsspeicher abgelegt werden müssen, nur wenig Speicherplatz benötigt. Die erste Methode würde nur Vorteile bringen, wenn die Eingabe sehr schnell geht, und die Rechenoperationen viel Zeit erfordern.

Bei einer derartigen Aufgabe ist es zweckmäßig, vor dem Befehleschreiben die Variablennamen festzulegen. Hier kann man den Fragebogen einfach Schritt für Schritt vornehmen, und man kommt dann zu folgender Variablenliste:

Frage 1	Z	für Summe der Fragebögen
	A	für Summe der Autobesitzer
Frage 2	B	für Summe unter 1000 ccm
	C	für Summe 1000 bis 2000 ccm
	D	für Summe über 2000 ccm
Frage 3	E	für Summe Benzinmotoren
	F	für Summe Dieselmotoren
Frage 4	KM	für gefahrene Kilometer
	KS	für Summe Kilometer
	G	für Summe Auswertung/Autobesitzer
Auswert.	P	für Prozent der Autobesitzer
	Q	für Prozent Benzinfahrer
	R	für Prozent Dieselfahrer
	S	für durchschnittliche Fahrstrecke.

Bei dem in Abb. 17 gezeigten Programm ist dafür Sorge getragen, daß falsche Eingaben vom Programm nicht angenommen werden.

```
 10 REM Fragebogenauswertung FRAGEBOG 1079 Byte
 100 Z=Z+1: CLS
 110 INPUT"Frage 1 - Autobesitzer ";X
 120 IF X = 2 THEN PRINT"nächster Bogen": GOTO 100
 130 IF X <> 1 THEN GOSUB 900: GOTO 110
 140 A=A+1 : G=G+1
 200 INPUT"Frage 2 - Hubraum ";X
 210 IF X=1 THEN B=B+1: GOTO 300
 220 IF X=2 THEN C=C+1 : GOTO 300
 230 IF X=3 THEN D=D+1: GOTO 300
 240 GOSUB 900: GOTO 200
 300 INPUT"Frage 3 - Motortyp ";X
 310 IF X=1 THEN E=E+1: GOTO 400
 320 IF X=2 THEN F=F+1: GOTO 400
 330 GOSUB 900 : GOTO 300
 400 INPUT"Frage 4 - Jahreskilometer ";KM
 410 IF KM>200 OR KM<2 THEN G=G-1: GOTO 600
 420 KS = KS + KM
 600 CLS: PRINT"Auswertung von";Z;"Fragebögen
 620 P = A*100/Z : Q = E*100/A : R = F*100/A
 630 PRINT: PRINT"Davon waren";A;"Autobesitzer"
 640 PRINT"     das sind";P;"%" : PRINT
 650 PRINT Q;"% fuhren Benzin,";R;"% Diesel
 660 S = KS*1000/G : PRINT
 670 PRINT"Durchschnitt";S;"km pro Jahr"
 680 T=B*100/A : U=C*100/A : V=D*100/A
 690 PRINT:PRINT"     H u b r a u m g r ö ß e n
 710 PRINT" bis 1000   1000-2000   über 2000
 720 PRINT TAB(3)B;TAB(15)C; TAB(27)D
 730 PRINT TAB(2)T;"%";TAB(14)U;"%";TAB(26)V;"%";TAB(48);
 740 INPUT"Weiter <j/n)";X$
 750 IF X$="n" OR X$="N" THEN END
 800 GOTO 100
 900 FOR K = 1 TO 3
 910 CLS: FOR J=1 TO 100: NEXT
 920 PRINT"Falsche Eingabe,nochmal"
 930 FOR J=1 TO 100: NEXT J
 940 NEXT K : RETURN

Auswertung von 7 Fragebögen

Davon waren 6 Autobesitzer
    das sind 85.7143 %

 66.6667 % fuhren Benzin, 33.3333 % Diesel

Durchschnitt 26400 km pro Jahr

    H u b r a u m g r ö ß e n
 bis 1000   1000-2000   über 2000
    3           2           1
```

Abb. 17: Programm und Programmlauf »Fragebogenauswertung«

Man spricht hier auch von einer *Plausibilitätskontrolle* im Programm, durch die Eingaben, die nicht im Rahmen der Erwartung liegen, zurückgewiesen werden. Wenn man so etwas programmiert, sollte man aber den Benutzer auch darauf aufmerksam machen, daß eine Falscheingabe erfolgt ist.

900—940 Zweckmäßigerweise wird hierfür im Programm ein Unterprogramm verwendet, das jedesmal, wenn eine Falscheingabe festgestellt wurde, angerufen wird. Der Ausgabebefehl für die Meldung steht zwischen zwei reinen Zeitschleifen nach einem Löschbefehl für den Bildschirm. Dadurch blinkt die Anzeige, und zwar dreimal entsprechend der FOR . . . NEXT-Schleife am Anfang und am Ende des Unterprogramms.

100 Der Zähler für die Anzahl der Fragebögen steht am Anfang der Schleife. Hierher erfolgt auch der Rücksprung am Ende.

110—140 Bei der ersten Frage ist 1 oder 2 als Antwort erlaubt. Wurde 2 eingegeben, handelt es sich um keinen Autobesitzer. Eine Beantwortung der weiteren Fragen wäre sinnlos, es wird der nächste Fragebogen bearbeitet. Vorher wird noch geprüft, ob eine zu große Zahl eingegeben wurde, was die Fehlermeldung erzeugt.

200—330 Die Befehle für die Abfrage der Fragen 2 und 3 sind ähnlich aufgebaut. Bei jeder erlaubten Antwort wird ein Summenzähler *incrementiert*, also um den Wert 1 erhöht.

400—420 Damit nicht einige abnormale Angaben der Jahreskilometer die Durchschnittsberechnung verfälschen können, wird bei Angaben über 200 (entspricht 200 000 km, da in 1000 km zu melden ist!) und unter 2 (2000 km) der Summenzähler für die Kilometer übersprungen. Es muß dann aber auch die Anzahl der Autofahrer, die in die Durchschnittsrechnung eingehen, vermindert werden. Für diese Rechnung kann nicht mehr die Variable A verwendet werden, die alle Autobesitzer enthält. Der Inhalt von A wird darum der Variablen G zugewiesen, mit der gerechnet wird, und die *decrementiert*, also um den Wert 1 ermäßigt wird, wenn die Kilometermeldung nicht berücksichtigt wird.

600—730 Das Auswertungsprogramm ist mit den Befehlen für die Ausgabe der Ergebnisse vermischt, jedoch stehen die Rechenausdrücke nicht direkt in den PRINT-Befehlen. Dies hat den Vorteil, daß dann eine gut formatierte Ausgabe leichter zu programmieren ist. Es müssen allerdings noch die drei Variablen T, U und V für die Prozentzahlen neu eingeführt werden.

740–750 Da die Anzeige nach dem Rücksprung zur Zeile 100, wo ein Löschbefehl steht, sofort verschwindet, wird das Programm vorher durch einen INPUT-Befehl angehalten. In dem folgenden IF ... THEN-Befehl wird aber nur das »n« zur Beendigung des Programms ausgewertet. Alle anderen Eingaben setzen das Programm fort.

730 Am Ende der PRINT-Zeile steht noch eine TAB-Funktion mit nachfolgendem Semikolon. Sie bewirkt ein Weiterrücken der Schreibmarke ohne Zeilentransport. Dadurch erscheint die im INPUT-Befehl stehende Erklärung ganz rechts auf dem Bildschirm, und auch bei einer Beendigung des Programms bleibt noch eine Zeile Platz für das READY, ohne daß der Bildschirm rollt.

Der Programmlauf nach einem Schleifendurchgang ist auch in Abb. 17 zu sehen.

Das Programm müßte noch erweitert werden, wenn sichergestellt werden soll, daß die Bearbeitung der Fragebögen auch in mehreren Arbeitsgängen erfolgen kann. In diesem Fall müssen die Werte der Variablen Z bis KS vor dem Beginn eines weiteren Arbeitsganges eingegeben oder vom Speicher abgerufen werden.

Beispiel 3: Zuschnittsoptimierung für Platten

Lernziele

Aufbereitung eines Optimierungsproblems
Vorherige Festlegung von Variablennamen
Verwendung der INT-Funktion
Schleife mit Bestimmung eines Maximums

Oft möchte man wissen, welche von mehreren möglichen Arbeitsweisen die günstigste ist, also die größte Ausbeute ergibt. Ganz allgemein spricht man dann von einem Optimierungsproblem. Es gibt viele mathematische Verfahren für das Optimieren. Steht ein Computer zur Verfügung, kann man diesen alle möglichen Lösungen durchrechnen und die beste auswählen lassen.

Es soll ein Programm geschrieben werden, das die günstigste Art bestimmt, wie eine große Tafel in Zuschnitte aufgeteilt werden kann.

Bei einer Optimierungsaufgabe kann man sich nicht gleich an den Computer setzen und mit dem Programmieren beginnen, sondern man muß das Problem durch Vorüberlegungen erst aufbereiten.

Wenn man eine große rechteckige Platte in kleine auch rechteckige Zuschnitte aufteilen will, wird je nach Lage der Schnittführung mehr oder weniger viel Abfall entstehen. Es gilt also zunächst einmal zu überlegen, welche Möglichkeiten es gibt, die Schnitte zu legen.

Abb. 18 zeigt, daß man (a) die Schnitte so legen kann, daß die längere Seite der Platte und des Zuschnitts in gleicher Richtung liegen. Man kann aber auch (b) die Richtungen der Längsseiten kreuzen oder (c) eine Kombination aus beidem wählen.

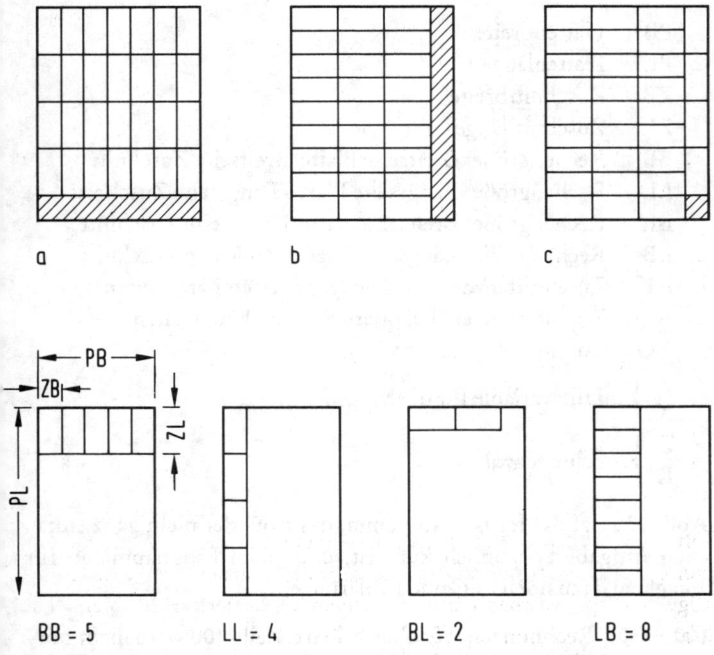

Abb. 18: Möglichkeiten der Aufteilung einer Platte in Abschnitte und Benennung der Variablen bei der Plattenaufteilung

Im Programm muß also zunächst berechnet werden, wieviele Zuschnitte für den Fall (a), (b) und (c) bei den gegebenen Maßen möglich sind. Hierfür müssen Variablennamen bestimmt werden. Hier soll

P	immer für die Platte (Tafel),
Z	immer für den Zuschnitt,
B	immer für die (kurze) Breitseite und
L	immer für die (lange) Längsseite stehen.

Wie Abb. 18 zeigt, muß also viermal gerechnet werden, um zu ermitteln, wie oft der Zuschnitt bei den zwei möglichen Lagen in der Breit- bzw. Längsseite unterzubringen ist. Bei dieser Rechnung verwendet man die INT-Funktion, denn hier interessiert nur das ganzzahlige Ergebnis der Divisionen.

Wichtig ist es, nun sofort eine Variablenliste anzulegen. Sie wird während der Programmentwicklung laufend ergänzt und kann zum Schluß wie folgt aussehen.

PB	Plattenbreite
PL	Plattenlänge
ZB	Zuschnittbreite
ZL	Zuschnittlänge
BB	Rechengröße: Breitseite Platte/Breitseite Zuschnitt
LL	Rechengröße: Längsseite Platte/Längsseite Zuschnitt
BL	Rechengröße: Breitseite Platte/Längsseite Zuschnitt
LB	Rechengröße: Längsseite Platte/Breitseite Zuschnitt
AL	Zuschnittanzahl bei gleichgerichteten Längsseiten
AQ	Zuschnittanzahl bei querliegenden Längsseiten
AG	Zuschnitte insgesamt
A, X	Hilfsvariable für die Maximierung
Z, K	Schleifenzähler

Abb. 19 zeigt das fertige Programm, das trotz der nicht ganz einfachen Aufgabe erstaunlich kurz ist, und einen Programmlauf. Im einzelnen dazu noch folgende Erklärungen:

100–130 Rechnungen wie oben erklärt. Zeile 100 wäre nicht notwendig gewesen, denn BB wird später nicht gebraucht, aber das weiß man nicht vorher.

```
10 REM Zuschnitte für Platten  ZUSCHNIT 640 Byte
20 CLS: PRINT"Zuschnittoptimierung für Platten
30 PRINT: PRINT"Maße entweder immer in cm oder mm"
40 PRINT"Länge ist das größere Maß": PRINT
80 INPUT"Platte:   Länge, Breite";PL,PB
90 INPUT"Zuschnitt:   Länge,Breite";ZL,ZB
100 BB = INT(PB/ZB)
110 LL = INT(PL/ZL)
120 BL = INT(PB/ZL)
130 LB = INT(PL/ZB)
140 FOR Z = 0 TO BL
150 AQ= Z * LB
160 AL = INT((PB - Z * ZL)/ZB) * LL
170 AG = AL + AQ
180 IF AG < A THEN GOTO 195
190 A = AG: X = Z: Y = AL
195 NEXT
200 PRINT: PRINT"Insgesamt";A;"Zuschnitte"
210 PRINT"Breite der Platte so aufteilen"
220 PRINT X;"Schnitte im Abstand";ZL
230 PRINT Y/LL;"Schnitte im Abstand";ZB
280 PRINT"Ausbeute";A*ZL*ZB/(PB*PL)*100;"%"

Zuschnittoptimierung für Platten

Maße entweder immer in cm oder mm
Länge ist das größere Maß

Platte:   Länge, Breite? 100,70
Zuschnitt:   Länge,Breite? 30,20

Insgesamt 11 Zuschnitte
Breite der Platte so aufteilen
 1 Schnitte im Abstand 30
 2 Schnitte im Abstand 20
Ausbeute 94.2857 %
READY
```

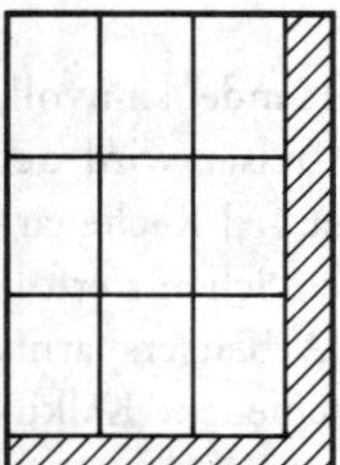

Z = 0
1. Durchlauf
9 Stück

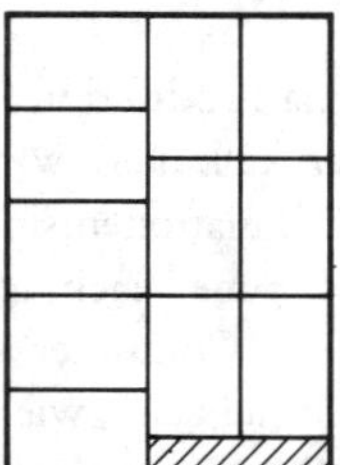

Z = 1
2. Durchlauf
11 Stück

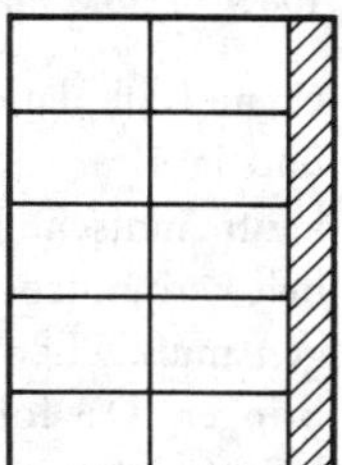

Z = 2
3. Durchlauf
10 Stück

Abb. 19: Programm und Programmlauf »Zuschnittoptimierung«

140 Die Schleife läuft so oft, wie Schnitte von der Breitseite ausgehend bei gekreuzten Längsrichtungen möglich sind.

150 Beim ersten Schleifenlauf werden, da K = 0 ist, keine querliegenden Platten erzeugt, also die Ausbeute untersucht, wenn die Längsseiten von Platte und Zuschnitt gleichgerichtet sind. Bei den weiteren Läufen wird hier die Anzahl der Zuschnitte bei gekreuzter Lage berechnet.

160 Hier wird die Anzahl der Zuschnitte bei gleichgerichteten Seiten jeweils aus dem Rest der Platte ermittelt.

170–190 Nach der Addition der Anzahlen der Zuschnitte wird geprüft, ob vorher schon eine größere Anzahl ermittelt wurde. Ist dies nicht der Fall, werden die für die Schnittlegung wichtigen Werte Hilfsvariablen zugewiesen, wodurch sichergestellt wird, daß in

200–280 die Werte, die der maximalen Ausbeute entsprechen, zur Anzeige gebracht werden.

Beispiel 4: Kaufmännische Kalkulation

Lernziele

Arbeit mit Feldvariablen
Programmanweisungen READ und DATA
Menütechnik mit ON . . . GOTO (GOSUB)
Verwendung von PRINT USING

Ohne Kalkulation ist keine Produktion und kein Handel sinnvoll, und je öfter und genauer kalkuliert wird, desto besser wird der kaufmännische Erfolg. Kalkulationen sind aber mit viel Rechenarbeit verbunden, die meist immer nach dem gleichen Schema erfolgen muß. Hierbei kann ein Computer sehr viel Arbeitsersparnis bringen. Das folgende Beispiel zeigt, wie auch verschiedene Kalkulationsaufgaben in einem Programm vereinigt werden können.

Es soll ein Programm geschrieben werden, das bei einem gegebenen Kalkulationsschema die Berechnung der Nettokosten sowohl mit Standard-Kalkulationssätzen als auch mit variablen Sätzen erlaubt und außerdem die Gewinnermittlung bei gegebenem Marktpreis vornimmt.

Um die gestellte Aufgabe zu lösen, muß man das Kalkulationsschema und die Standard-Sätze kennen. Im Programm wird das folgende Schema zugrunde gelegt:

   Materialkosten
\+ 25% Materialgemeinkosten
\+ Lohnkosten
\+ 135% Lohngemeinkosten
= Herstellungskosten
\+ 40% Verwaltungs- und Vertriebskosten
\+ Verpackung
= Nettokosten

   Verkaufspreis
− Nettokosten
= Gewinn.

Entsprechend der Programmaufgabe sollen dem Benutzer drei Wahlmöglichkeiten geboten werden. Hierfür verwendet man gern die *Menütechnik* mit dem Auswahlbefehl ON . . . GOTO. Sie bietet nicht nur dem Benutzer viel Bedienungskomfort, sondern führt, wenn sie richtig angewendet wird, auch zu einem gut strukturierten Programm. Wie bei einer Speisekarte (englisch MENU) wird dem Benutzer auf dem Bildschirm eine Auswahl geboten. Durch Eingabe einer Ziffer oder eines Buchstabens kann er seine Wahl treffen.

Das Problem liegt bei der vorliegenden Aufgabe aber darin, das Programm so zu schreiben, daß es nicht nur eine Aneinanderreihung von drei Einzelprogrammen wird. Bei der Analyse des Problems ist zu erkennen, daß die Rechnungen in allen drei Programmteilen zum größten Teil gleich sind. Das gleiche gilt für die vom Benutzer geforderten Eingaben und für die Ausgaben. Es liegt also nahe, nur mit einem Rechenmodul, einem Eingabemodul und einem Ausgabemodul zu arbeiten. Hierfür ist die Verwendung von Unterprogrammen zweckmäßig. Man kann aber auch Programmteile, die für alle drei Aufgaben gebraucht werden, einfach vor die Verzweigung legen, wie es auch im Beispiel gezeigt wird.

Weiterhin ist zu erkennen, daß zur Erklärung der Eingaben und für die Ausgabe die gleichen Worte verwendbar sind. Würde man sie jeweils als Zeichenketten in die Befehle schreiben, müßte man sie zweimal eintippen. Einfacher ist es, die Worte in DATA-Zeilen abzulegen und sie mit READ in die Elemente eines Feldes einzulesen. Im weiteren Programm wird dann nur mit den Feldvariablen gearbeitet.

Bekanntlich arbeiten Computer im allgemeinen mit *linksbündiger Zahlendarstellung*. Das heißt, auf dem Bildschirm stehen in einer Kolonne jeweils die höchstwertigsten Ziffern der Zahlen untereinander. Dies gibt kein besonders schönes Bild, und so haben alle besseren BASIC-Versionen einen besonderen Befehl, der eine formatierte Ausgabe bewirkt, bei der alle Endziffern oder alle Dezimaltrennungen untereinander stehen. Im Beispiel wird hierfür der PRINT-USING-Befehl verwendet. Später werden noch andere Methoden gezeigt, wie man eine formatierte Ausgabe auch ohne diesen Befehl erreichen kann.

Das Programm in Abb. 20 läßt erkennen, daß fast nur induzierte, das heißt Feldvariable verwendet werden. Die Bedeutung der Variablen geht weitgehend aus den DATA-Zeilen hervor. Es wird ein Zeichenkettenfeld für die Bezeichnungen und ein Zahlenfeld für die entsprechenden Werte in der Kalkulation aufgebaut. Darüber hinaus gibt es noch ein kleines Feld mit nur 3 Elementen für die Standard-Kalkulationssätze.

Wenn man ein derartiges Programm schreiben oder verstehen will, ist es recht zweckmäßig, die Bedeutung der Variablen auf einer Liste festzuhalten, die in diesem Fall wie folgt aussieht:

Bezeichnung	**Bezeichnungsfeld**	**Wertefeld**
Artikel	B$(1)	nicht verw.
Materialkosten	B$(2)	B(2)
Materialgemeinkosten	B$(3)	B(3)
Lohnkosten	B$(4)	B(4)
Lohngemeinkosten	B$(5)	B(5)
Herstellkosten	B$(6)	B(6)
V. u. V. Kosten	B$(7)	B(7)
Verpackung	B$(8)	B(8)
Nettokosten	B$(9)	B(9)
Gewinn	B$(10)	B(10)
Verkaufspreis	B$(11)	B(11)

%-Satz für Materialgemeinkosten S(1)
%-Satz für Lohngemeinkosten S(2)
%-Satz für V. u. V.Kosten S(3)

```
10 REM Kaufmännische Kalkulation  KAUFKALK 1202 Byte
20 DIM B$(11),B(11): U$="####.##"
30 FOR K=1 TO 11: READ B$(K): NEXT
40 FOR K = 1 TO 3: READ S(K): NEXT
50 DATA Artikel,Materialkosten, Materialgemeinkosten
60 DATA Lohnkosten,Lohngemeinkosten,Herstellkosten
70 DATA V.u.V.Kosten,Verpackung,Nettokosten
80 DATA Gewinn,Verkaufspreis
90 DATA 25,135,40: REM Standardsätze für Kalkulation
100 CLS: PRINT"Eingabe der Kalkulationswerte"
110 PRINT STRING$(25,45)
120 PRINT B$(1);:INPUT A$
130 PRINT B$(2);:INPUT B(2)
140 PRINT B$(4);:INPUT B(4)
150 PRINT B$(8);:INPUT B(8)
200 CLS: PRINT"Zur Auswahl Ziffer eingeben":PRINT
210 PRINT" 1 Kalkulation mit Standardsätzen, Netto
220 PRINT" 2 Kalkulation mit Variablen Sätzen, Netto
230 PRINT" 3 Gewinnermittlung, Marktpreisverkauf
240 INPUT X
250 ON X GOTO 300,400,500
260 GOTO 200
300 GOSUB 800
330 GOSUB 900
340 END
400 FOR K = 1 TO 3
410 PRINT B$(K*2+1);" = ";S(K);"%"
420 INPUT"Neuer Satz ";S(K)
430 NEXT
440 GOSUB 800
450 GOSUB 900
460 END
500 GOSUB 800
510 PRINT B$(11): INPUT B(11)
520 B(10)=B(11)-B(9)
530 GOSUB 900
540 PRINT B$(10);TAB(30) USING U$;B(10)
550 PRINT B$(11);TAB(30) USING U$;B(11)
560 END
800 B(3) = B(2) * S(1)/100
810 B(5) = B(4) * S(2)/100
820 B(6) = B(2)+B(3)+B(4)+B(5)
830 B(7) = B(6) * S(3)/100
840 B(9) = B(6)+B(7)+B(8)
850 RETURN
900 CLS: PRINT"Kalkulation für ";A$: PRINT
910 FOR K = 2 TO 9
920 PRINT B$(K);TAB(30) USING U$;B(K)
930 NEXT
940 RETURN
```

Abb. 20: Programm »Kaufmännische Kalkulation«

Im einzelnen ist zu den Befehlen des Programms noch folgendes zu bemerken:

20 Eine Dimensionierung ist nur für die Felder B$(x) und B(x) notwendig, die über 10 Elemente haben. In der gleichen Zeile wird eine besonders aufgebaute Zeichenkette der Variablen U$ zugewiesen. Sie wird später für den PRINT-USING-Befehl benötigt. Jedes Kreuzzeichen steht für eine Dezimalstelle der Ausgabe. Hier wird also auf vier Stellen vor und zwei Stellen nach der Dezimaltrennung formatiert.

30–90 Durch die zwei READ-Schleifen werden zuerst die 11 Bezeichnungen und dann die 3 Standardsätze in die Felder eingelesen.

100–150 Die Eingabewerte, die bei allen Programmaufgaben benötigt werden, werden schon am Anfang abgefragt und ihren Feldelementen zugewiesen. Die STRING$-Funktion in Zeile 110 erzeugt 25mal ein Zeichen entsprechend dem ASCII-Wert 45, das ist der Strich zum Unterstreichen. Statt dessen hätte man auch eine entsprechende Zeichenkette in den PRINT-Befehl schreiben können. Da die Variable B(1) nur eine Zahl aufnehmen kann, wird hier für die Eingabe der Artikelbezeichnung noch zusätzlich die Variable A$ eingeführt.

200–230 Hier steht das Menü für den Benutzer zur Auswahl. Vor jeder Wahlmöglichkeit steht eine Ziffer, die zur Wahl einzugeben ist.

240–260 Nach der Eingabe der Verzweigungsvariablen für den ON . . . GOTO-Befehl erfolgt jeweils ein Sprung zu den Zeilen 300, 400 und 500, je nachdem, ob 1, 2 oder 3 gewählt wurde. Wurde eine andere Ziffer eingegeben, muß zur Menüanzeige zurückgesprungen werden. Dies ist die einfachste Art mit ON . . . GOTO zu arbeiten, da Falscheingaben unwirksam werden. Die Verwendung von GOSUB im Verzweigungsbefehl wäre hier auch möglich gewesen. Da aber in den angesprungenen Unterprogrammen als letztes eine Ausgabe steht, müßte danach noch ein Anhalten programmiert werden, damit man die Darstellung auf dem Bildschirm in Ruhe betrachten kann.

800–840 Das Unterprogramm für das Rechnen arbeitet mit den Feldvariablen entsprechend dem Kalkulationsschema, jedoch nur bis zur Berechnung der Nettokosten.

900–940 Das Unterprogramm für die Anzeige gibt zuerst in der Überschrift die Artikelbezeichnung aus und zeigt dann in einer Schleife die einzelnen Positionen der Kalkulation. Hier wird im PRINT-USING-Befehl die vorher schon definierte Variable U$ verwendet.

300–340 Das Modul für die erste Programmaufgabe enthält nur den Anruf der Unterprogramme für das Rechnen und für die Ausgabe, da hier nur mit den schon eingelesenen Standard-Sätzen bis zu den Nettokosten gerechnet werden soll.

```
Eingabe der Kalkulationswerte
-----------------------------
Artikel? Stuhl Nr.320
Materialkosten? 8.70
Lohnkosten? 11.20
Verpackung? 1.80



Zur Auswahl Ziffer eingeben

 1 Kalkulation mit Standardsätzen, Netto
 2 Kalkulation mit Variablen Sätzen, Netto
 3 Gewinnermittlung, Marktpreisverkauf
? 2
Materialgemeinkosten =  25 %
Neuer Satz ? 30
Lohngemeinkosten =  135 %
Neuer Satz ? 140
V.u.V.Kosten =  40 %


Kalkulation für Stuhl Nr.320

Materialkosten                        8.70
Materialgemeinkosten                  2.61
Lohnkosten                           11.20
Lohngemeinkosten                     15.68
Herstellkosten                       38.19
V.u.V.Kosten                         11.46
Verpackung                            1.80
Nettokosten                          51.45
READY
```

Abb. 21: 2x Programmlauf des Programms »Kaufmännische Kalkulation«

400–460 Für die Kalkulation mit variablen Sätzen müssen diese eingegeben und den entsprechenden Feldvariablen zugewiesen werden. Dies kann in einer Schleife mit errechneter Indexänderung erfolgen, da die Variablennamen der drei Erklärungsbezeichnungen einen um den Faktor 2 unterschiedlichen Index haben.

500–560 Das Modul für die Kalkulation mit vorgegebenem Verkaufspreis unterscheidet sich vom ersten Modul nur durch die zusätzliche Abfrage und die Berechnung des Gewinns. Außerdem müssen zusätzlich die Zeilen für den Gewinn und den Verkaufspreis ausgegeben werden.

Es ist sehr empfehlenswert, dieses Beispiel, dessen Programmlauf in Abb. 21 zu sehen ist, genau durchzuarbeiten; denn es hilft zu verstehen, wie mit Feldvariablen gearbeitet werden kann, um Programme kürzer und effektiver zu schreiben.

Beispiel 5: Aufteilung in Gruppen

Lernziele

Erzeugung und Verwendung von Zufallszahlen
Aufstellung eines Flußschaubildes (Flußdiagramms)
Benutzung eines zweidimensionalen Feldes
Dimensionierung im Programm nach Bedarf

Die Erzeugung von *Zufallszahlen,* die alle BASIC-Versionen unterstützen, spielt insbesondere bei vielen Spielprogrammen eine große Rolle. Es gibt auch gewisse mathematische Verfahren, die für Aufgaben der Simulation Zufallszahlen, also Zahlen, die der Computer ohne jedes Bildungsgesetz ausgibt, verwenden.

Im folgenden Beispiel wird gezeigt, wie der Zufall auch für eine Aufgabe im täglichen Leben verwendet werden kann, wenn es darum geht, eine möglichst gerechte Verteilung vorzunehmen.

Es soll ein Programm geschrieben werden, das eine beliebige Teilnehmeranzahl nach den Gesetzen des Zufalls so in eine vorgegebene Anzahl von Gruppen aufteilt, daß die Gruppen gleich groß werden oder sich in der Stärke höchstens um einen Teilnehmer unterscheiden.

Für die Erzeugung von Zufallszahlen wird allgemein die RND-Funktion verwendet. Leider sind die Vorschriften für ihren Gebrauch nicht in allen BASIC-Versionen gleich, denn die Zahl in der Klammer wird oft nicht als echtes Argument, also als Zahl, die selbst durch die Funktion verarbeitet wird, sondern als Anweisung für eine bestimmte Vorgehensweise verwendet.

Gleich ist die Wirkung bei allen BASIC-Versionen, wenn in die Klammer eine 0 gesetzt wird. In diesem Fall werden Zufallszahlen zwischen 0 und 1 erzeugt. Unterschiedlich ist die Wirkung bei positiven oder negativen Argumenten. Bei einigen Dialekten wird bei negativem Argument immer die gleiche Zahl ausgegeben, bei anderen Dialekten ist hierfür eine positive Zahl einzusetzen.

Einige moderne Dialekte, wie zum Beispiel Genie-BASIC, ermöglichen die Ausgabe von Zufallszahlen in einem bestimmten Bereich, wenn eine Ganzzahl als Argument in der RND-Funktion verwendet wird. RND(6) bedeutet dann, daß Zufallszahlen zwischen 1 und 6 erzeugt werden.

Wenn diese Möglichkeit nicht gegeben ist, so können zum Beispiel Zufallszahlen von 1 bis 6 unter Benutzung der INT-Funktion wie folgt erzeugt werden:

```
PRINT INT (6*RND(0))+1
```

Für die Erzeugung von Zufallszahlen zwischen 10 und 15 ist der folgende Befehl zu verwenden:

```
PRINT INT (6*RND(0))+10
```

Das Problem bei der hier gestellten Aufgabe besteht darin, daß die Teilnehmer gleichmäßig aufgeteilt werden sollen. Es muß also laufend geprüft werden, ob die einzelnen Gruppen schon voll sind. Dies erfordert eine Reihe von Entscheidungen vom Programm, die an den richtigen Stellen eingebaut werden müssen. Es kommt hierbei sehr auf den Programmablauf an, und so ist es zweckmäßig, diesen vor der eigentlichen Programmierung zu untersuchen.

Eine gut zu handhabende Methode, den Ablauf eines Programms festzulegen, ist die Aufstellung eines *Flußschaubildes*, das auch *Programmablaufplan* genannt wird. Die wenigen hierfür zu verwendenden Symbole dürften allgemein bekannt sein. Wichtig ist, daß man bei der ersten Aufstellung eines Ablaufplans in diesen noch nicht die Programmbefehle, mit denen das Problem gelöst werden soll, einträgt, sondern darin nur den Ablauf der Lösung beschreibt. Man spricht darum auch von einem beschreibenden Flußdiagramm

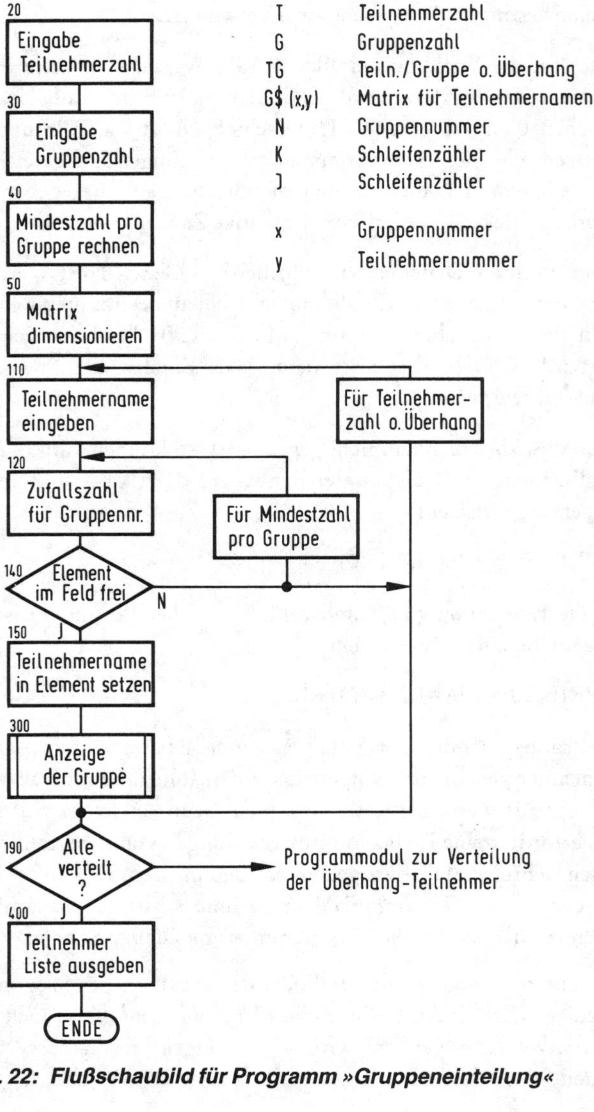

Abb. 22: Flußschaubild für Programm »Gruppeneinteilung«

im Gegensatz zu einem Befehlsablaufdiagramm. Abb. 22 zeigt das Schaubild, nach dem dies Programm entwickelt wurde.

Für die Speicherung der Teilnehmer, die den einzelnen Gruppen zugeteilt wurden, wird ein zweidimensionales Feld, auch *Matrix* genannt, verwendet. Dieses entspricht einer Tabelle mit Spalten und Zeilen. Jede Gruppe steht in einer Spalte, deren Zeilen die Teilnehmer aufnehmen. Auf diese Weise kann leicht geprüft werden, ob eine Gruppe schon die Sollstärke erreicht hat.

Da das Programm einerseits für unterschiedliche Teilnehmer- und Gruppenzahlen geeignet sein soll, andererseits aber bei größeren Feldern eine Dimensionierung vor deren Verwendung notwendig ist, muß die richtige Dimensionierung variabel erfolgen. Der Dimensionierungsbefehl steht also erst nach der Eingabe der Teilnehmer- und Gruppenzahlen und verwendet im Argument Variable.

Zu dem in Abb. 23 auf Seite 73 gezeigten Programm sollen noch folgende Erklärungen gegeben werden:

20–50 Die Eingaben für die Teilnehmerzahl (T) und die Anzahl der Gruppen (G) werden zunächst benutzt, um die Gruppenstärke ohne Überhang zu berechnen und der Variablen TG zuzuweisen. Danach werden die Zahlen zur Dimensionierung der Matrix verwendet. Im Dimensionierungsbefehl steht zuerst die Spalte, also die Nummer der Gruppe, und dann die Teilnehmerzahl in der Gruppe.

Hierbei ist zu berücksichtigen, daß eine oder mehrere Gruppen einen Teilnehmer mehr erhalten müssen, wenn die Teilung der Teilnehmerzahl durch die Gruppenzahl nicht aufgeht. Auch die Spaltendimensionierung wird um den Wert 1 erhöht, weil später die Gruppen in zwei Kolonnen ausgegeben werden und bei ungerader Gruppenzahl dann eine Bereichsüberschreitung gemeldet würde.

100 Die Hauptschleife verteilt zunächst so viel Teilnehmer, wie gleichmäßig auf die Gruppen aufgeteilt werden können (TG*T).

120 Es werden Zufallszahlen im Bereich von 1 bis zur Anzahl der Gruppen gebildet. Gegebenenfalls muß dieser Befehl, wie schon erklärt, umgeschrieben werden.

130–150 In dieser Schleife, die so oft laufen muß, wie die Gruppe Teilnehmer ohne Überhang haben soll, wird geprüft, ob die betreffende Position in der Matrix schon besetzt ist. Ist dies nicht der Fall, wird der eingegebene Name in das Feldelement gesetzt. Im anderen Fall wird die nächste Position geprüft. Ist die Schleife abgelaufen, ohne daß ein freies Feldelement gefunden wurde, muß eine neue Zufallszahl abgerufen und die durch sie gekennzeichnete Gruppe geprüft werden, bis alle Teilnehmer aufgeteilt sind.

200–250 In dieser Schleife werden die Überhangteilnehmer aufgeteilt. Die Schleife braucht also nur für die noch nicht verteilten Teilnehmer von TG*G+1 bis T zu laufen. Geprüft wird immer das Feldelement, das um den Wert 1 größer ist als die Stärke der schon gleichmäßig verteilten Gruppen.

300–310 Hier steht das Unterprogramm, das jedem Teilnehmer meldet, zu welcher Gruppe er gehört. Es wird von beiden vorhergehenden Programmteilen angerufen.

400–450 Um den Bildschirm besser auszunutzen, erfolgt die Ausgabe der zusammengestellten Gruppen in 2 Kolonnen. Hierfür muß die äußere FOR . . . NEXT Schleife mit STEP 2 laufen. Die innere Schleife gibt dann jeweils die Teilnehmer zweier Gruppen aus. Dazu muß der Index für die erste Dimension (Gruppennummer) jeweils im PRINT-Befehl um 1 erhöht werden, wenn der Teilnehmer für die zweite Gruppe in der Zeile ausgegeben wird.

Eine Ausgabe in drei oder vier Spalten wäre in gleicher Weise zu programmieren.

Dies Programm kann auch für andere Zwecke benutzt werden, wenn entsprechende Zahlen für Teilnehmer und Gruppen eingegeben werden. Bei einer Teilnehmerzahl von 7 und einer Gruppenzahl von 1 können zum Beispiel drei zufällige Tage einer Woche gewählt werden. Wenn bei den Teilnehmernamen nur dreimal ein X und sonst eine 0 eingegeben wird, kennzeichnen die X die zufällig gewählten Tage und die Gruppennummern die Wochentage.

```
10 REM Aufteilung in Gruppen  AUFTEIL 627 Byte
20 CLS: INPUT"Teilnehmerzahl";T
30 INPUT"Wieviele Gruppen";G
40 TG=INT(T/G):
50 DIM G$(G+1,TG+1)
100 FOR K = 1 TO TG*G
110 INPUT"Name oder Kürzel eingeben";N$
120 N=RND(G)
130 FOR J = 1 TO TG
140 IF G$(N,J) <> "" THEN 160
150 G$(N,J)=N$: GOSUB 300: GOTO 180
160 NEXT J
170 GOTO 120
180 NEXT K
190 IF T = TG*G THEN 400
200 FOR K = TG*G+1 TO T
210 INPUT"Name oder Kürzel eingeben";N$
220 N=RND(G)
230 IF G$(N,TG+1)<>"" THEN 220
240 G$(N,TG+1)=N$: GOSUB 300
250 NEXT
260 GOTO 400
300 PRINT: PRINT"Teilnehmer ";N$;" zur Gruppe "N
310 RETURN
400 CLS: FOR K = 1 TO G STEP 2
410 PRINT"GRUPPE";K,"GRUPPE";K+1: PRINT
420 FOR J = 1 TO TG+1
430 PRINT G$(K,J), G$(K+1,J)
449 NEXT J: PRINT
450 NEXT K: END


Teilnehmerzahl? 7
Wieviele Gruppen? 3
Name oder Kürzel eingeben? Hans


Teilnehmer Hans zur Gruppe  1
Name oder Kürzel eingeben? Eva


Teilnehmer Eva zur Gruppe  3
Name oder Kürzel eingeben? Paul


Teilnehmer Paul zur Gruppe  2
Name oder Kürzel eingeben? Inge


Teilnehmer Inge zur Gruppe  1
Name oder Kürzel eingeben?
```

Abb. 23: Programm und Programmlauf »Gruppeneinteilung«

Beispiel 6: Säulendiagramm

Lernziele

Einteilung der Bildschirmanzeige
Maximumbildung und Normierung von Zahlen
Ausgabe mit verschachtelten Schleifen
Rechenausdruck in der TAB-Funktion

Grafische Darstellungen mit verschieden langen Balken oder Säulen sind sehr beliebt, wenn die periodische Entwicklung einer Meßgröße veranschaulicht werden soll. Meist wird bei derartigen Programmen im *Grafikmodus* gearbeitet, der es bei vielen Computern erlaubt, auf dem Bildschirm Linien und andere Figuren zu zeichnen.

Da die Befehle für die Grafikdarstellung aber bei den verschiedenen Computern sehr unterschiedlich sind, können sie hier nicht behandelt werden. Statt dessen wird ein nur mit den BASIC-Grundbefehlen geschriebenes Programm gezeigt, mit dem Säulendiagramme mit beliebigen Eingabewerten darzustellen sind. Hier liegt die folgende Aufgabe zugrunde.

Es soll ein Programm entwickelt werden, das auf dem Bildschirm die Umsätze der 12 Monate eines Jahres als Säulendiagramm darstellt.

Die Vorüberlegungen bei dieser Aufgabe müssen sich damit befassen, wie die Säulen auf dem zur Verfügung stehenden Bildschirm angeordnet und dargestellt werden können. Die sehr einfach zu programmierende Darstellung mit waagrecht laufenden Balken soll hier ausgeschlossen werden, da Säulen im allgemeinen aufrecht stehen.

Ohne Verwendung der Grafikbefehle steht bei dem verwendeten Computer ein Bildschirm zur Verfügung, der in 16 Zeilen je 64 Zeichen zeigen kann. Bei 12 Säulen können pro Säule 4 Spaltenpositionen verwendet werden, und es bleiben dann noch genug Positionen für die Beschriftung am Rand frei.

In der Höhe können nur 16 Zeilenpositionen verwendet werden. Da eine Zeile zur Anzeige der Monatsnamen gebraucht wird, dürfen die Säulen höchstens 15 Zeichen hoch sein.

Es muß also ein Weg gefunden werden, die beliebig einzugebenden Werte so proportional zu reduzieren, daß der größte darzustellende Wert gerade die höchstmögliche Säule mit 15 Höheneinheiten ergibt, ein Vorgang, den man auch *Normierung* nennt. Zu diesem Zweck muß man bei der Eingabe den Maximalwert ermitteln und dann 15 durch diesen Wert teilen. Das Ergebnis ist der Wert einer Höheneinheit bei der Anzeige.

```
10 REM Säulendiagrammm für 12 Monate SAEULEN 484 Byte
20 DIM M$(12),U(12): CLS
50 DATA JAN,FEB,MRZ,APR,MAI,JUN,JUL,AUG,SEP
60 DATA OKT,NOV,DEZ
70 FOR K = 1 TO 12: READM$(K): NEXT
90 PRINT"Programmabbruch mit BREAK": PRINT
100 PRINT"Monatszahlen eingeben": PRINT
110 FOR K = 1 TO 12
120 PRINT"Monat  ";M$(K);:INPUT U(K)
130 IF U(K) > UM THEN UM = U(K)
140 NEXT : CLS
180 UF = 15/UM
200 FOR J = 1 TO 15
210 A = UM * (16-J) / 15
220 PRINT INT(A * 10 + .5)/10;
230 FOR K = 1 TO 12
240 H=INT(U(K) * UF +.5)
250 M = J - 15 + H
260 IF M > 0 THEN P$="*" ELSE P$=""
270 PRINT TAB(5+K*4)P$;
280 NEXT K
290 PRINT
300 NEXT J
400 FOR K = 1 TO 12
410 PRINT TAB(4+K*4) M$(K);
420 NEXT
430 GOTO 430

82                                               *
76.5                                     *   *   *
71.1                     *               *   *   *   *
65.6         *   *       *           *   *   *   *   *
60.1         *   *       *           *   *   *   *   *
54.7     *   *   *   *   *   *   *   *   *   *   *   *
49.2     *   *   *   *   *   *   *   *   *   *   *   *
43.7     *   *   *   *   *   *   *   *   *   *   *   *
38.3     *   *   *   *   *   *   *   *   *   *   *   *
32.8     *   *   *   *   *   *   *   *   *   *   *   *
27.3     *   *   *   *   *   *   *   *   *   *   *   *
21.9     *   *   *   *   *   *   *   *   *   *   *   *
16.4     *   *   *   *   *   *   *   *   *   *   *   *
10.9     *   *   *   *   *   *   *   *   *   *   *   *
5.5      *   *   *   *   *   *   *   *   *   *   *   *
        JAN FEB MRZ APR MAI JUN JUL AUG SEP OKT NOV DEZ
```

Abb. 24: Programm und Programmlauf »Säulendiagramm«

Ein weiteres Problem ergibt sich bei der Ausgabe, für die hier ja nur der PRINT-Befehl zur Verfügung steht. Dieser Befehl arbeitet zeilenweise. So muß jede Ausgabezeile individuell zusammengestellt werden. Hierfür werden zwei verschachtelte Schleifen verwendet. Die äußere dient zur Fortschaltung von Zeile zu Zeile, während die innere jeweils die Ausgaben für eine Zeile bestimmt.

Um die Säulen innerhalb der Zeile immer richtig zu positionieren, gibt es verschiedene Möglichkeiten. Am einfachsten schreibt man in die PRINT-Befehle noch besondere Zeichenketten für Zwischenräume. Man kann auch mit Befehlen, die den Cursor jeweils ein paar Positionen weiterrücken lassen, arbeiten. Im Beispiel wird die TAB-Funktion mit einem Rechenausdruck als Argument verwendet.

Zu dem in Abb. 24 gezeigten Programm seien noch folgende Erklärungen gegeben:

20–70 Zwei Felder werden dimensioniert, eines für die Namen der Monate, die aus DATA-Zeilen eingelesen werden, und das zweite für die einzugebenden Werte für die Monate.

90 Da die Zeilenanzahl des Bildschirms voll ausgenutzt werden soll, darf das Programm nicht zum END-Befehl kommen, da dieser immer einen Zeilentransport und die Ausgabe von READY oder einem Promptzeichen zur Folge hat, was die ersten Zeilen des Diagramms löschen würde. Dem Bedienenden muß aber gesagt werden, wie er das Programm beenden kann.

100–140 In der Eingabeschleife werden die eingelesenen Monatsnamen verwendet, um den Benutzer bei der Eingabe zu führen.

Der Befehl in 130 weist der Variablen UM den jeweils gefundenen Maximalwert der Eingabe zu.

180 Berechnung des Wertes für eine Höheneinheit UF.

200 Hier beginnt die äußere der verschachtelten Schleifen für die Anzeige.

210–220 A ist der Wert für die Scala, die vor jede Zeile gesetzt wird. Er entspricht $\frac{1}{15}$ des Maximalwertes und wird mit Hilfe der Laufvariablen der äußeren Schleife entsprechend der gerade auszugebenden Zeile berechnet. Da es aber keinen Sinn hat, hier Zahlen mit vielen Dezimalstellen nach dem Komma zu zeigen, werden diese mit dem bekannten Rundungsbefehl auf eine Nachkommastelle gerundet.

240–250 Zunächst wird in der inneren Schleife, wieder mit Abrundung, die Anzahl der Höheneinheiten berechnet, die die betreffende Säule hat. Dann wird die Hilfsvariable M berechnet, die die Höheneinheiten von oben, in der Reihenfolge, wie die Zeilen geschrieben werden, zählt.

260 Da die erste durch das Säulensymbol zu besetzende Höheneinheit in der Variablen M durch die 1 gekennzeichnet ist, darf der als Symbol gewählte Stern nur ausgegeben werden, wenn M größer als 0 ist, sonst erfolgt die Ausgabe eines Zwischenraums. Hierfür wird der durch das Befehlswort ELSE erweiterte IF . . . THEN-Befehl verwendet, der nicht auf allen BASIC-Versionen läuft, aber leicht zu ersetzen ist. Je nach dem Ergebnis der Prüfung wird der Stern oder der Zwischenraum der Variablen PS zugewiesen.

270 Im PRINT-Befehl wird das TAB-Argument in jedem Schleifendurchgang um 4 erhöht. Der Befehl hier und auch in Zeile 220 hat zum Schuß ein Semikolon, um den Zeilenvorschub zu unterbinden. Es sei noch bemerkt, daß bei einigen BASIC-Versionen nach der TAB-Funktion immer ein Semikolon stehen muß, das bei dem verwendeten BASIC auch fehlen kann.

290 Der leere PRINT-Befehl am Ende der inneren Schleife bewirkt den Vorschub zur nächsten Zeile.

400–420 In einer weiteren Schleife erfolgt die Ausgabe der Monatsnamen.

430 Dieser Befehl hält das Programm in einer ewigen Schleife, aus dem es nur durch BREAK befreit werden kann.

Beispiel 7: Gebühren für Ferngespräche

Lernziele

Problemanalyse einer Programmaufgabe
Verschiedener Aufbau von Feldern
Suchen in einem Indexfeld
Zeitmessungen mit Zeitschleifen

Spätestens wenn in jedem Monat die Telefonrechnung kommt, merkt man, daß wieder zu lange telefoniert wurde. Ohne einen von der Post eingebauten Gebührenzähler ist aber die Überwachung der Gesprächsdauer recht mühsam, denn es gelten in Deutschland 4 Entfernungszonen und zwei Tarife je nach der Uhrzeit.

Über die Gebühren, die ein Teilnehmer abhängig von der gewählten Vorwahlnummer zu zahlen hat, gibt ein amtliches Verzeichnis Auskunft, aber es besteht keine Rechenformel, mit der man aus der Vorwahlnummer die Entfernungszone ermitteln kann.

Das Beispielprogramm zeigt einen Weg, wie trotzdem nur anhand der Vorwahlnummer und der für das Gespräch gemessenen Zeit die Gebühren für jedes Gespräch schon während des Telefonats dem Teilnehmer angezeigt werden können. Dem Programm liegt folgende Aufgabe zugrunde.

Es soll ein Programm geschrieben werden, das nach Eingabe der Vorwahlnummer und des Tarifs dem Telefonteilnehmer laufend die schon für das Gespräch angefallenen Gebühren anzeigt. Beginn und Ende des Telefonats werden durch eine Tasteneingabe dem Computer gemeldet.

Bei dieser Aufgabe ist eine vorherige Problemanalyse zweckmäßig. In Deutschland gibt es einige Tausend Ortskennziffern (Vorwahlnummern). Es wäre ziemlich unsinnig, diese Nummern alle zu speichern. Bei näherer Untersuchung zeigt sich allerdings, daß der größte Teil aller von einem Teilnehmer erreichbaren Ortskennziffern zur Zone 3 gehört. Man kann also die Wahl der zu untersuchenden Kennziffern stark reduzieren, wenn nur die Vorwahlnummern der Zonen N (Nahbereich), 1 und 2 gespeichert und untersucht, und alle anderen als zur Zone 3 gehörig betrachtet werden.

So denkt auch die Deutsche Bundespost, die den Teilnehmern in größeren Ortsnetzen ein derart aufbereitetes Verzeichnis zur Verfügung stellt (Abb. 25), das die Ortsnetze enthält, die in den Zonen N, 1 und 2 liegen. Die Anzahl dieser Vorwahlnummern liegt meist unter 200 und ist darum von einem Computer gut beherrschbar.

In diesem Verzeichnis sind die Kennziffern aufsteigend sortiert angeordnet, wobei es allerdings wieder zwei Schwierigkeiten gibt.

Kennzahl	Zone	Kennzahl	Zone	Kennzahl	Zone	Kennzahl	Zone
02 01	N	0 21 8–	1	02 34	1	0 28 51	1
02 02	1	0 21 91	1	0 23 5–	2	0 28 52	1
02 03	O	0 21 92	2	0 23 6–	1	0 28 53	1
0 20 41	N	0 21 93	1	0 23 7–	2	0 28 55	N
0 20 43	1	0 21 95	1	0 23 8–	2	0 28 56	1
0 20 45	1	0 21 96	1	0 23 9–	2	0 28 57	1
0 20 51	1	0 22 0–	2	0 24 0–	2	0 28 58	1
0 20 52	1	02 21	2	02 41	2	0 28 59	1
0 20 53	1	0 22 2–	2	0 24 2–	2	0 28 61	1
0 20 54	N	0 22 32	2	0 24 31	2	0 28 62	2
0 20 56	N	0 22 33	2	0 24 32	2	0 28 63	2
0 20 58	1	0 22 34	2	0 24 33	2	0 28 64	1
02 09	1	0 22 35	2	0 24 34	1	0 28 65	1
0 21 01	1	0 22 36	2	0 24 35	2	0 28 66	1
0 21 02	N	0 22 37	2	0 24 36	2	0 28 67	1
0 21 03	1	0 22 38	1	0 24 5–	2	0 28 7–	1
0 21 04	1	0 22 4–	2	0 24 6–	2	0 29 2–	2
0 21 05	1	0 22 5–	2	0 24 7–	2	0 29 3–	2
0 21 06	1	0 22 6–	2	0 25 0–	2	0 30	2
0 21 07	1	0 22 7–	2	02 51	2	10	N
02 11	N	02 28	2	0 25 2–	2	14	N
0 21 20	1	0 22 9–	2	0 25 3–	2	15	N
0 21 22	1	0 23 01	2	0 25 4–	2	17	N
0 21 24	1	0 23 02	1	0 25 5–	2		
0 21 25	1	0 23 03	2	0 25 6–	2		
0 21 26	N	0 23 04	2	0 25 7–	2		
0 21 27	1	0 23 05	1	0 25 9–	2		
0 21 28	1	0 23 06	2	0 27 2–	2		
0 21 29	1	0 23 07	2	0 27 6–	2		
0 21 3–	N	0 23 08	2	0 28 0–	1		
02 14	1	0 23 09	1	02 81	1		
0 21 50	N	02 31	1	0 28 21	2		
0 21 51	N	0 23 2–	1	0 28 22	2		
0 21 52	1	0 23 30	1	0 28 23	1		
0 21 53	1	0 23 31	1	0 28 24	1		
0 21 54	1	0 23 32	1	0 28 25	1		
0 21 56	1	0 23 33	1	0 28 26	2		
0 21 57	1	0 23 34	2	0 28 27	2		
0 21 58	1	0 23 35	1	0 28 28	2		
0 21 59	1	0 23 37	2	0 28 3–	1		
0 21 6–	1	0 23 38	2	0 28 4–	N		
0 21 7–	1	0 23 39	1	0 28 50	1		

Abb. 25: Tabelle der Gebührenzonen der Bundespost für Duisburg

Die Angaben in der Spalte »Zone« bedeuten:

O = Ortsgespräche N = Nahgesprächszone 1 = Ferngesprächszone 1 2 = Ferngesprächszone 2

Gespräche nach Ortsnetzen, deren Kennzahlen nicht aufgeführt sind, sind Ferngespräche der Zone 3

Die Ortsnetznamen mit ihren Vorwählnummern schlagen Sie bitte im »Amtlichen Verzeichnis der Ortsnetzkennzahlen für den Selbstwählferndienst« (AVON) nach

Die Bundespost verwendet in der Mehrzahl fünfstellige Vorwahlnummern mit einer 0 als erste Ziffer. Es gibt aber für den Nahbereich auch zweistellige Zahlen ohne 0 und für Großstädte vierstellige Zahlen mit 0.

Man kann nun die Zahlen – jeweils ohne die Vornull – für den Vergleich beim Suchen verwenden, hat dann aber, wenn man sie abschreibt, wie sie im Verzeichnis stehen, keine aufsteigend sortierte Reihenfolge mehr. Eine sortierte Reihenfolge ist aber Voraussetzung für ein schnelles Suchverfahren. Da das Suchen in einem Feld mit ca. 200 Elementen noch ziemlich schnell geht, kann hier aber noch einfach sequentiell, d. h. in einer Folge, gesucht werden, wodurch das Programm einfacher wird.

Damit ergibt sich schon der grundsätzliche Programmaufbau. Die Angaben aus dem Verzeichnis werden in DATA-Zeilen gespeichert und in ein oder mehrere Felder eingelesen, damit sie dort vom Computer verarbeitet werden können. Hier ist nun weiter zu analysieren, wie der Aufbau der Feldelemente am günstigsten ist.

Im Prinzip gibt es drei Möglichkeiten, Felder für die vorliegende Aufgabe aufzubauen:

1. Es wird nur ein Zeichenkettenfeld verwendet, in dem in geeigneter Anordnung Ortskennziffer und Zonennummer zusammengespeichert werden. Vor dem Vergleichsbefehl beim Suchen muß dann die Kennziffer mit Hilfe der Zeichenketten Funktion LEFT$ abgesondert werden.
2. Es wird ein zweidimensionales Feld verwendet, dessen erste Dimension entsprechend der Anzahl der Ortskennziffern zu dimensionieren wäre, während die zweite Dimension nur den Wert zwei hat. Dies ergibt eine Tabelle mit vielen Zeilen und nur zwei Spalten.
3. Es werden zwei parallele eindimensionale Felder gebildet, eins davon für die Ortskennziffern, das andere für die Zonen. Das Kennziffernfeld dient als Indexfeld, in dem gesucht wird. Ist die richtige Kennziffer gefunden, steht dann im Zonenfeld mit dem gleichen Index die richtige Zonennummer.

Bei einem größeren Programm müßte man nun untersuchen, welche Lösung mehr Speicherraum benötigt. Dabei ist zu berücksichtigen, daß bei Lösung 2 und 3 die Zahlenspeicherung als Integer erfolgen kann, denn die Zahlen liegen nicht über 32767. Bei dem hier behandelten Programm dürfte der Unterschied nicht so groß sein. Es wird Lösung 3 gewählt, da diese auch für viele andere Programmaufgaben günstig ist.

Ein weiteres Problem liegt darin, daß in dem Verzeichnis oft zum Beispiel 02130– steht. Dies bedeutet, daß die 10 Vorwahlnummern zwischen 02130 und 02139 zur gleichen Zone gehören. Im Programm soll auch ein Weg gesucht werden, diese 10 Nummern einheitlich zu behandeln, damit nicht zu viele DATA-Zeilen geschrieben werden müssen.

Wichtig sind weiterhin noch Überlegungen zur Zeitmessung. Einige BASIC-Versionen haben hierfür besondere Befehle, durch die eine Stoppuhr gestartet und angehalten werden kann. Hier wird ein Weg gewiesen, wie Zeitmessung auch ohne diese Befehle möglich ist.

Der Programmablauf ergibt sich aus der Aufgabe. Abgefragt werden muß die Vorwahlnummer, und ob das Gespräch in der Zeit des Normaltarifs oder des Billigtarifs geführt wird. Dann kommt die Suchschleife für die Ermittlung der Entfernungszone, und anschließend müssen Tarifart und Zone in der Zeitschleife verarbeitet werden. Im wesentlichen handelt es sich um einen linearen Aufbau.

Wie das Programm aufgebaut ist, zeigt Abb. 26. Hierzu noch folgende Bemerkungen:

10 Im Dimensionierungsbefehl steht das Prozentzeichen hinter dem Variablennamen zur Kennzeichnung, daß im Feld Ganzzahlvariable gespeichert werden sollen. Damit man später beim Anruf dieser Variablennamen das %-Zeichen weglassen kann, werden sie für das ganze Programm mit DEFINT als Ganzzahlvariable definiert. Wenn es in der verwendeten Version diesen Befehl nicht gibt, darf das %-Zeichen nicht wegfallen.

30, 100 Damit der Abdruck des Programms im Buch nicht zu lang wird, sind hier in die DATA-Zeilen nur 36 Ortskennziffern geschrieben worden und Lese- und Suchschleife entsprechend verkürzt.

800 ff. In den DATA-Zeilen stehen immer je eine Ortskennziffer und eine Zonennummer hintereinander. Um nicht auch noch mit einem Buchstaben arbeiten zu müssen, entspricht der Nahbereich der Ziffer 1, die Zone 1 der Ziffer 2 und die Zone 2 der Ziffer 3. Die Zone 3 braucht nicht berücksichtigt zu werden, da alle Kennziffern, die nicht gefunden werden, der Zone 3 zuzurechnen sind.

```
10 REM Fernsprechgebühren FERNGEB
20 DIM V%(150),Z%(150): DEFINT V,Z: CLS
30 FOR K = 1 TO 36: READ V(K),Z(K): NEXT
50 INPUT"Vorwahlnummer eingeben";V: PRINT
60 INPUT"<N> für Normaltarif, <B> für Billigtarif";T$
70 V$=STR$(V): PRINT
80 IF MID$(V$,2,1) > CHR$(51) THEN 360
100 FOR J = 0 TO 36
110 IF V(J) = V THEN GOTO 200
135 IF Z(J) > 3 AND V(J)/10=INT(V/10) THEN 200
150 NEXT J: GOTO 360
200 ON Z(J) GOTO 300,320,340,300,320,340
300 N = 13400: IF T$="B" THEN B=.5
310 PRINT"Nahzone": PRINT: GOTO 400
320 N = 1250: IF T$="B" THEN B=0.5
330 PRINT"Zone 1": PRINT: GOTO 400
340 N = 550: IF T$="B" THEN B=0.93
350 PRINT"Zone 2": PRINT: GOTO 400
360 N = 335: IF T$="B" THEN B=2.22
370 PRINT"Zone 3": PRINT: GOTO 400
400 PRINT"Bei Gesprächsbeginn beliebige Taste drücken"
410 PRINT: PRINT"Am Ende wieder beliebige Taste drücken"
430 X$=INKEY$: IF X$="" THEN 430
600 FOR K = 1 TO N + N*B
605 Y$=INKEY$: IF Y$ <> "" THEN 700
610 Y=1/3: Y=1/3
625 NEXT
630 E=E+1: PRINT"Bisher ";E;" Einheiten = DM ";E*.23
640 GOTO 600
700 E=E+1: PRINT"Das Gespräch hat DM ";E*.23;" gekostet"
710 END
800 DATA 10,1,14,1,15,1,201,1,202,1,203,1
805 DATA 2041,1,2043,2,2045,2,2054,1,2080,1,2090,2
810 DATA 2101,2,2102,1,2103,2,2104,2,2105,2,2106,2
815 DATA 2107,2,2110,1,2120,2,2122,2,2124,2,2125,2
820 DATA 2126,1,2127,2,2128,2,2129,2,2130,5,2140,2
830 DATA 2150,1,2152,1,2160,5,2200,6,2210,3,2233,3

Vorwahlnummer eingeben? 2128

<N> für Normaltarif, <B> für Billigtarif? N

Zone 1

Bei Gesprächsbeginn beliebige Taste drücken

Am Ende wieder beliebige Taste drücken
Das Gespräch hat DM  .23  gekostet
READY
```

Abb. 26: Programm und Programmlauf »Gebühren für Ferngespräche«

Für die im Verzeichnis nicht aufgeteilten Nummernbereiche (zum Beispiel 2230–2239), die zur gleichen Zone gehören, werden zur Unterscheidung um den Wert 3 höhere Zonennummern eingesetzt.

70–80 Nach dem Duisburger Ortskennziffernverzeichnis gehören alle Kennziffern, die mit einer 3 oder einer größeren Zahl beginnen, zur Zone 3. Damit bei diesen Vorwahlnummern nicht das ganze Feld durchsucht zu werden braucht, wird die erste Ziffer der eingegebenen Nummer abgespaltet, was nur nach Wandlung in eine Zeichenkette möglich ist, und dann geprüft, ob sie größer als 3 ist (ASCII-Wert 51). Beim Abtrennen muß berücksichtigt werden, daß in der ersten Position einer Zahl immer das Vorzeichen steht. Mit Hilfe von MID$ muß also das zweite Zeichen abgesondert werden.

100–150 Wenn die eingegebene Ortskennziffer gefunden wurde, wird zur Auswertung ab Zeile 200 gesprungen. Danach wird untersucht, ob die Kennziffer zu einem Nummernbereich gehört. Wenn dies der Fall ist, müssen zwei Bedingungen erfüllt sein. Die Zonennummer muß größer als 3 sein, und die drei ersten Ziffern der eingegebenen Ortskennziffer müssen mit der Ziffer im Feld übereinstimmen, dann wird zur Auswertung ab Zeile 200 gesprungen.

200–370 Im Auswerteteil werden zwei Faktoren für die nachfolgende Zeitschleife vorgegeben. Der Faktor N charakterisiert die unterschiedlichen Zeittakte für die Zonen, während der Faktor B entsprechend der Verlängerung der Zeittakte beim Billigtarif berechnet wurde. Der Sprung zu den einzelnen Rechenzeilen erfolgt mit dem ON . . GOTO-Befehl entsprechend der im zweiten Feld gespeicherten Zonennummer.

400–430 Das Programm bleibt in der Zeile 430 so lange in Wartestellung, bis eine beliebige Taste gedrückt wird.

600–710 Die Länge der Zeitschleife wird durch die Faktoren N und B bestimmt. Die Schleife läuft so lange, bis wieder eine Taste betätigt wurde, denn der Abbruchbefehl in Zeile 605 wird nur dann wirksam. Die Divisionen in 610 dienen nur der Zeitverlängerung. Den Zeitfaktor N muß man mit der Stoppuhr individuell für jeden Computer ermitteln. Nach jedem Ablauf der Zeitschleife wird die bisherige Gesprächsgebühr angezeigt, und nach dem Abbruch die Gesamtgebühr, bei der auch die letzte, nur angebrochene Zeiteinheit mitzählt.

Das Programm muß natürlich für jedes Ortsnetz den Gegebenheiten angepaßt werden, wobei insbesondere der Befehl in Zeile 80 und die DATA-Zeilen zu ändern sind.

Beispiel 8: Ein- und Ausgabemaske

Lernziele

Aufstellung eines Flußdiagramms
Erklärungen in DATA-Zeilen
Ausgabe in bestimmte Bildschirmpositionen
Dateneingabe mit INKEY$ oder GET

Wenn in einem Programm mehrfach Ein- oder Ausgaben einer gleichen Datenfolge erforderlich sind, sollte man hierfür eine benutzerfreundliche Anzeige auf dem Bildschirm programmieren, die die Zuordnung der einzelnen Daten klar erkennen läßt. In der Computertechnik spricht man dann von einer *Bildschirmmaske* oder auch nur von einer *Maske.*

Es gibt sehr viele Möglichkeiten, derartige Masken zu programmieren. Es werden zu diesem Zweck sogar unter dem Namen *Maskengenerator* besondere Hilfsprogramme angeboten, aber bei den modernen BASIC-Versionen sind die Befehle für eine Maske auch leicht selbst zu schreiben. Dem Beispiel liegt folgende Aufgabe zugrunde:

Es soll ein jederzeit verwendbares Unterprogramm entwickelt werden, das 7 Dateneingaben erlaubt beziehungsweise 7 Daten, die in einem Feld abgelegt sind, als Ausgaben zeigt. Bei der Eingabe ist die maximal zulässige Länge der Daten zu überwachen. Jede Eingabezeile soll vom Bedienenden anwählbar sein, es ist aber auch eine einfache Zeilenfortschaltung vorzusehen.

Die erste Analyse des Programms zeigt, daß für den Bediener verschiedene Wahlmöglichkeiten geboten werden müssen. In diesem Fall ist die Aufstellung eines Flußschaubildes zu empfehlen, das den Aufbau des Programms festlegt. Sicherlich wird man dieses nicht beim ersten Anlauf gleich in der Form fertigbringen, wie es in Abb. 27 gezeigt ist, aber schon das Durchdenken des Programmflusses hilft bei derartigen Aufgaben.

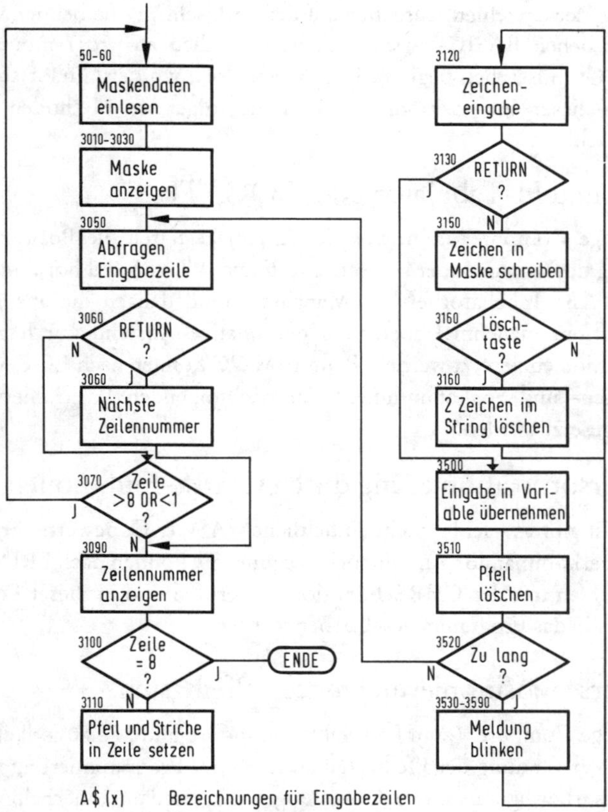

A$ (x)	Bezeichnungen für Eingabezeilen
L (x)	Länge der Eingabezeilen
N	Nr. der Eingabezeile
N$	dito
Y$	Eingegebenes Zeichen
J	Zähler für Zeichen
D$	Sammelvariable für Eingabe
K	Schleifenzähler
Z	Schleifenzähler
B$ (x)	Eingabe / Ausgabedaten

Abb. 27: Flußdiagramm für Programm »Ein/Ausgabemaske«

Da sowohl für die Ausgabe als auch für die Eingabe Erklärungen zu den Daten auf dem Bildschirm gezeigt werden müssen, ist es besser, diese in DATA-Zeilen abzulegen und in einem Feld zu speichern, als sie direkt in die Befehle zu schreiben.

Das Hauptproblem bei dieser Aufgabe liegt aber in der Positionierung der einzelnen Ausgaben auf dem Bildschirm, die bei den verschiedenen BASIC-Versionen unterschiedlich zu programmieren ist. Grundsätzlich beginnt die Anzeige dort, wo der Cursor steht. Um diesen zu positionieren, sind die folgenden Methoden gebräuchlich:

V- und H-Tabulator oder LOCATE

Einige Computer (zum Beispiel Apple) gestatten die Positionierung des Cursors über getrennte vertikale (VTAB) und horizontale (HTAB) Tabellatorbefehle. Manchmal muß danach die absolute Position, manchmal aber auch der relative Abstand zur letzten Position eingesetzt werden. Beim IBM-PC können nach LOCATE Zeilen- und Spaltennummern zur nachfolgenden Positionierung eingesetzt werden.

Cursorpositionierung durch CHR$-Funktionen

Meist gibt es – leider nicht einheitliche – ASCII-Codewerte für die Steuerkommandos zur Cursorbewegung. Sie können nach PRINT-Befehlen mit der CHR$-Funktion aufgerufen und in dieser Form auch in das Programm geschrieben werden.

Cursorpositionierung mittels Pfeiltasten

Einige Computer (zum Beispiel Commodore und MZ 80) erlauben die Verwendung der Pfeiltasten auch bei der Programmierung von Cursorbewegungen. Die Anweisungen müssen dann innerhalb von Zeichenketten nach einem PRINT-Befehl stehen. In einer Programmliste erscheinen sie manchmal als charakteristische Negativzeichen, die für den Unkundigen nur schwer zu deuten sind.

Positionierung mit PRINT @ oder PRINT AT

Recht einfach ist die Positionierung bei den Computern (zum Beispiel Genie, TRS 80), bei denen die Bildschirmpositionen durchgehend numeriert sind. Mit Hilfe des PRINT@-Befehls kann die

Ausgabe an die Bildschirmposition gesetzt werden, die nach dem Befehlswort folgt. Hierbei kann der Computer die Position auch aus einem dort stehenden Rechenausdruck berechnen. Nach der Positionsnummer muß ein Komma stehen, dem dann die zu drukkenden Informationen folgen. Abgeschlossen wird der Befehl am besten mit einem Semikolon, um den weiteren Zeilenvorschub zu verhindern. Mit nur einem Semikolon nach dem der Zeilennummer folgenden Komma kann auch ein nachfolgender INPUT-Befehl an eine bestimmte Bildschirmstelle gesetzt werden.

Ähnlich wirkt der PRINT-AT-Befehl in anderen BASIC-Versionen. Nach diesem Befehl sind aber Zeilen- und Spaltennummer getrennt einzusetzen.

Positionierung über POKE-Befehle

Da jede Position des Bildschirmspeichers eine feste Adresse hat, kann man in diese die Zeichencode direkt mit POKE-Befehlen einschreiben. Diese Methode erlaubt einen schnellen Wechsel der Anzeige, erfordert aber auch erheblichen Programmieraufwand. Sie wird bewußt bei den Beispielen dieses Buches nicht verwendet, weil der Bildschirmaufbau der einzelnen Computer recht unterschiedlich ist.

In dem Beispielprogramm in Abb. 28 wird mit dem PRINT@*-Befehl gearbeitet. Im übrigen sind dazu noch folgende Anmerkungen hilfreich:

50–90 In den DATA-Zeilen wird neben den Erklärungen immer noch eine Zahl gespeichert, die die erlaubte Länge der betreffenden Eingabe angibt. Beides wird in die eindimensionalen Felder A$(x) und L(x) am Anfang des Programms eingelesen.

3010–3030 In der Ausgabeschleife werden jeweils in einer Zeile die Indexziffer, die Erklärung und das dazugehörige Element des Feldes B$(x), das die Ein- und Ausgabedaten aufnimmt, ausgegeben.

---

*Da der für die Beispiele dieses Buches verwendete Drucker mit deutschem Zeichensatz arbeitet, wird statt des Zeichens @ ein $ gedruckt.

3040–3100 Die Erklärung zur Abfrage der Zeilennummer wird unten auf den Bildschirm positioniert und für die Eingabe der INKEY$-Befehle verwendet. Wenn nur RETURN eingegeben wurde, wird die Zeilennummer um 1 erhöht. Damit dies möglich ist, muß die Eingabevariable N$ in die Ziffernvariable N gewandelt werden. Der Befehl in Zeile 3070 veranlaßt eine neue Anzeige, wenn als Zeilennummern etwas anderes als die Zahlen 1 bis 8 eingegeben wurden. 8 bedeutet Beendigung oder Rückkehr vom Unterprogramm.

3110 Wurde eine gültige Zeilennummer gewählt, wird die Ausgabeposition aus einer Anfangsposition, der Zeilennummer und der Anzahl der Zeichen pro Zeile (64) berechnet und dort erst ein Pfeilsymbol und danach eine Anzahl von Strichen (ASCII-Wert 45) zur Kennzeichnung der erlaubten Eingabelänge L(x) ausgegeben.

3120–3170 Die in Abb. 4 gezeigte Eingaberoutine ist hier etwas anders geschrieben und durch einen Zähler J für die einzelnen Zeichen der Eingabe erweitert. Er wird zur Berechnung der Positionen, an denen die Zeichen in der Maske erscheinen sollen, und für die Längenüberwachung benötigt.

3500–3510 Wird die Eingabe durch RETURN abgeschlossen, wird diese in das betreffende Element der Feldvariablen B$(x) übernommen. Die Sammelvariable für die Eingabe (D$), der Zeichenzähler (J) und der Pfeil werden gelöscht.

3520–3590 Falls die Längenprüfung eine zu lange Eingabe ergeben hat, wird eine blinkende Meldung unten auf dem Bildschirm gezeigt und wieder gelöscht. In die gleiche Zeile kann neu eingegeben werden.

Dies kurze Maskenprogramm, dessen Lauf auch in Abb. 28 zu sehen ist, arbeitet sehr effektiv. Programme für BASIC-Versionen, die mit Cursorbefehlen oder mit Tabulatorbefehlen arbeiten, lassen sich nicht ganz so kompakt aufbauen.

```
10 REM Ein-/Ausgabemaske Personendatei  EAMASKE 930 Byte
20 CLEAR 2000
50 FOR K = 1 TO 8
60 READ A$(K),L(K): NEXT
80 DATA NAME,20,VORNAME,15,STADT,20,STRASZE,20
90 DATA ABTEILUNG,4,GEBURTSTAG,10,STATUS,5,Eingabe Ende,1
100 '                H i e r
2990 '    D a t e i b e f e h l e
3000 CLS: PRINT§ 192,"Eingabe":PRINT
3010 FOR K = 1 TO 8: PRINT K;A$(K);
3020 PRINT TAB(21) B$(K)
3030 NEXT
3040 PRINT§ 832,"Nummer der Eingabezeile";
3050 N$=INKEY$: IF N$="" THEN 3050
3060 IF N$=CHR$(13) THEN N=N+1: GOTO 3090
3070 IF ASC(N$) >56 OR ASC(N$) <49 THEN 3000
3080 N = VAL(N$): IF N > 8 THEN 3000
3090 PRINT N
3100 IF N = 8 THEN END
3110 PRINT§ 272+(N*64),"->";TAB(21) STRING$(L(N),45);
3120 Y$=INKEY$: IF Y$="" THEN 3120
3130 IF Y$=CHR$(13) THEN 3500
3140 J=J+1
3150 PRINT§ 276+J+(N*64),Y$;: D$=D$+Y$
3160 IF Y$=CHR$(8) THEN D$=LEFT$(D$,LEN(D$)-2): J=J-2
3170 GOTO 3120
3500 J=0: B$(N)=D$: D$=""
3510 PRINT§272+(N*64),"  ";
3520 IF LEN(B$(N)) <= L(N) THEN 3040
3530 FOR K=1 TO 3
3540 PRINT§ 960,"Eingabe zu lang";
3550 FOR Z=1 TO 80: NEXT Z
3560 PRINT§ 960,"               ";
3570 FOR Z=1 TO 30: NEXT Z
3580 NEXT K
3590 J=0 : GOTO 3110
```

```
Eingabe

 1 NAME                 Mayer---------------
 2 VORNAME              Paul-----------
 3 STADT                2000 Hamburg 52-----
 4 STRASZE              Alsterallee 123-----
 5 ABTEILUNG            EXP-
 6 GEBURTSTAG           21.05 52--
 7 STATUS          ->   -----
 8 Eingabe Ende
Nummer der Eingabezeile 7
```

Abb. 28: Programm und Programmlauf »Ein/Ausgabemaske«

5. Verwendung von Druckern

Der Drucker ist ohne Zweifel das Zubehörgerät, das jeder Computerbesitzer, der nicht nur mit dem Computer spielen will, nach der Grundausstattung zuerst anschaffen sollte. Mit einem Drucker kann man auch im täglichen Gebrauch von einem kleinen Computersystem viel Nutzen haben. Schon mit kleinen Programmen kann man Briefe schreiben und eine einfache Buchhaltung führen.

Nicht zuletzt ist ein Drucker aber auch beim Programmieren sehr nützlich, denn die Fehlersuche in einem geschriebenen Programm ist um vieles leichter als auf dem Bildschirm.

Dies Kapitel befaßt sich mit einigen grundsätzlichen Dingen, die zu beachten sind, wenn mit einem Drucker gearbeitet werden soll.

5.1 Verschiedene Druckertypen

Im wesentlichen kommen heute bei Home- und Personalcomputern drei verschiedene Druckertypen zum Einsatz, die hier nur kurz geschildert werden sollen.

Thermodrucker

Am billigsten sind Drucker, die mit einem hitzeempfindlichen Papier arbeiten. Durch elektronische Steuerung werden im Druckkopf oder in der Druckleiste kleine Heizpunkte erhitzt, die dann eine Färbung des Papiers bewirken. Ebenso wie auf dem Bildschirm werden die einzelnen Zeichen aus einem Punktmuster aufgebaut. 5mal 7 Punkte sind das Minimum, besser ist ein Muster aus 5mal 9 Punkten, das auch die korrekte Darstellung der Buchstaben mit Unterlängen zuläßt. Ein Farbband wird nicht benötigt.

Zwei Ausführungen werden angeboten. Bei kleiner Druckbreite bis zu einer Zeilenlänge von ca. 40 Zeichen verwendet man eine feste Druckleiste, unter der das Papier in kleinen Schritten fortbewegt wird. Breitere Thermodrucker arbeiten meist mit beweglichem Druckkopf und während des Drucks stehendem Papier.

Nachteilig bei diesem Druckertyp ist der Zwang zur Verwendung von teurem Spezialpapier, das meist keine Durchschläge zuläßt, und bei den billigen Modellen vor allem die geringe Druckbreite.

Nadeldrucker

Auch bei diesen Druckern wird das Zeichen aus einzelnen Punkten aufgebaut. Der Druck erfolgt jedoch durch magnetisch betätigte Nadeln mit Hilfe eines Farbbandes. Außer bei Billigdruckern, die noch mit 5 Nadeln arbeiten, werden heute vorwiegend solche mit 9 Nadeln angeboten, die schon ein recht ordentliches Schriftbild ergeben. Viele Nadeldrucker bieten die Möglichkeit, das Aussehen der Zeichen noch durch Doppelanschlag der Nadeln zu verbessern, so daß fast eine Korrespondenzqualität erreicht werden kann. Es können meist zwischen 80 und ca. 150 Zeichen pro Sekunde gedruckt werden.

Durch Programmbefehle, manchmal auch durch Voreinstellung, können diese Drucker vielen Wünschen angepaßt werden. Sie können in Eng- und Breitschrift, oft auch kursiv schreiben und verschiedene Zeichensätze oder gar Grafikzeichen darstellen. Da die Preise dieser Geräte in den letzten Jahren stark zurückgegangen sind, ist ihre Anschaffung durchaus zu empfehlen.

Typenraddrucker

Nachdem auch diese Drucker im Preis stark gefallen sind, kommen sie auch bei Home- und Personalcomputern zum Einsatz. Verwendet wird ein auswechselbares Typenrad, das sich in Zeilenrichtung bewegt. Das Druckbild entspricht dem einer Schreibmaschine. Dafür ist die Schreibgeschwindigkeit mit ca. 15 bis 30 Zeichen pro Sekunde recht langsam, so daß diese Drucker eigentlich nur dort zu empfehlen sind, wo unbedingt ein sehr gutes Schriftbild gebraucht wird.

5.2 Anschluß und Ansteuerung von Druckern

Zwei Verfahren werden im wesentlichen benutzt, um Daten vom Computer an einen Drucker zu übertragen. Wenn die Bit eines Byte parallel auf 8 Leitungen gesendet werden, verwendet man gern die sogenannte *Centronics-Schnittstelle*. Sie wurde ursprünglich von der Firma Centronics für ihre Drucker genormt, wird aber heute fast allgemein verwendet. Der Datenaustausch erfolgt im Quittungsbetrieb über besondere Steuerleitungen.

Bei seriellem Datenverkehr vom Computer zum Drucker, bei dem also die einzelnen Bit eines Byte in einer Folge nacheinander gesendet werden, wird heute allgemein die genormte *V-24-Schnittstelle* (in den USA RS 232C genannt) verwendet. Sie erfordert immer eine gleiche Einstellung der Übertragungsrate usw. beim Sender und Empfänger, die hardware- oder softwaremäßig vorgenommen werden kann.

Für die Ausgabe von Informationen auf einem Drucker werden bei den verschiedenen BASIC-Versionen zwei unterschiedliche Verfahren angewendet. Eine Reihe von Computern kennt in ihrem BASIC-Befehlssatz ein besonderes Befehlswort, wenn die Ausgabe auf einem Drucker statt auf dem Bildschirm erfolgen soll. Andere wiederum betrachten den Drucker als ein Peripheriegerät, das genauso anzusprechen ist wie die übrigen peripher anschließbaren Geräte.

Für die erste Methode wird häufig, zum Beispiel beim Atari, Genie / TRS 80 und beim Sinclair, das Befehlswort LPRINT gebraucht. Es kann ohne weitere Vorbereitung in das Programm eingesetzt werden. Lediglich die im Befehl selbst stehenden Ausdrücke werden zum Drucker geleitet und dort abgedruckt. Im Programm folgende normale PRINT-Befehle veranlassen wie üblich die Ausgabe auf dem Bildschirm. Beim MZ 80 muß zur Ausgabe auf einen Drucker PRINT/T geschrieben werden.

Bei dem anderen Verfahren muß das Drucken mit einem speziellen Befehl vorbereitet werden. Dieser schaltet die Computerausgabe vom Bildschirm auf den Drucker. Wird danach der normale PRINT-Befehl verwendet, wird der Drucker statt des Bildschirms angesprochen. Soll wieder auf den Bildschirm ausgegeben werden, muß manchmal durch einen weiteren Befehl die Ausgabe wieder umgeschaltet werden. Die Befehle für die Druckeransteuerung einiger bekannter Computer sind in Abb. 29 gezeigt.

```
a    10 REM Druckbefehle Genie, TRS 80 usw.
     100 PRINT"Den Namen eingeben"
     110 INPUT N$
     120 LPRINT N$
     130 PRINT"Der Name ist abgedruckt"

b    10 REM Druckbefehle Commodore
     100 PRINT"Den Namen eingeben"
     110 INPUT N$
     120 OPEN 1,4
     130 PRINT#1,N$
     140 PRINT"Der Name ist abgedruckt"
     150 CLOSE

c    10 REM Druckbefehle Apple
     100 PRINT"Den Namen eingeben"
     110 INPUT N$
     120 D$=""
     130 PRINT D$;"PR#1"
     140 PRINT N$
     150 PRINT D$;"PR#0"
     160 PRINT"Der Name ist abgedruckt"
```

Abb. 29: Verschiedene Befehlsfolgen für die Druckeransteuerung

a. Beim TRS 80, Genie und vielen anderen kann LPRINT für Druckerausgabe und PRINT für Bildschirmausgabe durcheinander benutzt werden

b. Beim Commodore muß zunächst der Kanal zum Drucker geöffnet werden, dann erfolgt durch den PRINT 1-Befehl der Abdruck. Der PRINT-Befehl bleibt für Bildschirmausgaben gültig. Mit CLOSE wird der Druckkanal wieder geschlossen

c. Beim Apple wird zunächst durch PR 1 auf den Drucker geschaltet. Alle Ausgaben gehen dann an den Drucker. Vor einer Bildschirmausgabe muß durch PR 0 wieder auf diesen umgeschaltet werden

5.3 Gestaltung des Druckbildes

Bei der Ausgabe auf den Drucker ist immer zu berücksichtigen, daß die Anzahl der Zeichen in einer Zeile beim Bildschirm und beim Drucker unterschiedlich sein kann. Im allgemeinen wird das Steuerkommando, das am Ende einer Bildschirmzeile die Fortschaltung zur nächsten Zeile bewirkt, nicht an den Drucker weitergegeben. Auf der anderen Seite macht der Drucker aber immer einen Zeilenvorschub, wenn seine Zeilenkapazität erschöpft ist.

Die Stellung des Cursors ist für den Drucker unmaßgeblich. Befehle, die den Cursor beeinflussen, können darum im allgemeinen nicht zur Gestaltung des Druckbildes verwendet werden. Eine Ausnahme bilden die TAB-Funktion und die SPC-Funktion, die auch in Druckzeilen benutzt werden können.

Am einfachsten ist es, für die Gestaltung des Druckbildes nur den leeren LPRINT-Befehl für den Zeilenvorschub und Leer-Strings oder die TAB-Funktion für die Positionierung in der Zeile zu verwenden.

Vorgang	Epson	Itoh	Star
Breitschrift ein	14	14	14
Breitschrift aus	20	15	20
Engschrift ein	15	27 und 81	15
Engschrift aus	18	27 und 82	15
Verstärkter Druck ein	27 und 69	27 und 33	
Verstärkter Druck aus	27 und 70	27 und 34	

Abb. 30: Steuerkommandos für verschiedene Druckermodelle

Unterschiedlich ist die Behandlung der verschiedenen Steuerzeichen des ASCII-Codes durch die Drucker. Allgemein verstanden und richtig ausgeführt werden die Kommandos für Zeilen und Papiertransport, obwohl es dafür bei einigen Druckern Wahlmöglichkeiten durch Schalter gibt. Bei anderen Steuerzeichen reagieren die Drucker aber verschieden, wie Abb. 30 am Beispiel dreier viel verwendeter Druckermodelle zeigt. Insbesondere Befehlsfolgen mit ESCAPE (ASCII-Codewert 27) werden recht unterschiedlich interpretiert. Sie werden bei vielen Druckern zum Umschalten auf Fett- oder Spreizdruck und für viele andere Voreinstellungen verwendet.

Schwierigkeiten können bei der Ausgabe an einen Drucker auch entstehen, wenn dieser in den Befehlen stehende Steuerzeichen nicht annimmt oder anders ausdruckt, als der Bildschirm anzeigt. Insbesondere beim Ausdruck eines Commodore-Programms auf einem nicht voll an diesen Computer angepaßten Drucker kann es auch vorkommen, daß die in Zeichenketten stehenden Steuerzeichen überhaupt nicht erkannt und nicht gedruckt werden. Wenn man versucht, ein so gelistetes Programm zum Laufen zu bringen, kann man eine böse Überraschung erleben, denn das Programm ist ja nur unvollständig dargestellt.

6. Beispielprogramme mit Druckerausgabe

Wenn ein Drucker als Ausgabegerät zur Verfügung steht, kann die Arbeit eines Computers schwarz auf weiß festgehalten werden. Da die schriftliche Aufbewahrung von Daten und der Schriftverkehr bei der Kommunikation, insbesondere im kaufmännischen Bereich, eine große Rolle spielt, ist für alle in diesem Bereich verwendeten Programme Druckerausgabe unbedingt notwendig.

Aber auch für viele andere Aufgaben ist es sehr nützlich, wenn die Ergebnisse der Computerarbeit in für uns Menschen lesbarer Form geschrieben und nicht nur elektronisch gespeichert werden.

In den Beispielen dieses Kapitels werden Programme vorgestellt, die Ausdrucke erzeugen, aber noch ohne externe Datenspeicherung auskommen. Sie sollen in erster Linie dem Leser zeigen, wie Drukker angesteuert werden können. Die Problematik liegt oft darin, Drucker- und Bildschirmausgabe gemischt zu programmieren.

Leider werden unterschiedliche Methoden für die Druckeransteuerung in den verschiedenen BASIC-Versionen verwendet. In den Beispielen dieses Buches wird der LPRINT-Befehl benutzt, der in den meisten modernen BASIC-Dialekten für Druckbefehle vorgeschrieben ist. Besitzer von Commodore- und Apple-Computern müssen die Programme etwas umstellen.

Da damit zu rechnen ist, daß der Leser dieses Buches in den vorhergehenden Kapiteln schon einiges gelernt hat, werden von jetzt an nicht mehr alle Programmzeilen genau erklärt, sondern nur das erläutert, was noch neu ist und zum erstenmal verwendet wird.

Beispiel 9: Angebot oder Rechnung

Lernziele

Programmierung einfacher Schemabriefe
Druckeransteuerung und Steuerkommandos
Auswahl von Teilprogrammen nach einem Menü
Zeilenaufbau in Druckprogrammen

In jeder Firma gibt es Angebote und Rechnungen, die nach einem festen Schema geschrieben werden können. Kennzeichnend dafür ist eine Mischung von Texten und Rechnungen. Wenn ein Programm beides bietet, kann es eine große Hilfe bei der Arbeitsbewältigung bringen.

Es soll ein Programm geschrieben werden, mit dem wahlweise Angebote oder Rechnungen für immer wieder vorkommende Standardarbeiten in einem Malerbetrieb gedruckt werden können.

Die hier gestellte Aufgabe läßt sich ohne externe Datenspeicherung auf Disketten lösen, wenn nur eine begrenzte Anzahl von Arbeiten zu berücksichtigen ist. Diese können dann als Programmzeilen gespeichert und wahlweise aufgerufen werden. Damit ist der Aufbau des Programms schon festgelegt. Es muß die folgenden Module enthalten:

1. Druck des Briefkopfes
2. Eingabe und Druck der Adresse
3. Wahl, ob Angebot oder Rechnung
4. Druck der Überschrift
5. Menü für die Auswahl der Arbeiten
6. Diverse Teilprogramme für die einzelnen Arbeiten.

Die Befehle können im Programm in der Reihenfolge, wie sie in der Modulliste stehen, geschrieben werden. Bei den Modulen 1 und 4 erfolgt nur Ausgabe an den Drucker. Bei den Modulen 3 und 5 wird nur der Bildschirm angesprochen, und in 2 und 6 wird der Bildschirm für die Eingaben und der Drucker für die Ausgaben benutzt. Wenn der verwendete Computer den LPRINT-Befehl nicht kennt, muß also in diesen Modulen mehrfach zwischen Ausgabe an den Drucker und den Bildschirm umgeschaltet werden.

Da alle modernen Matrixdrucker verschiedene Schriftarten drukken können, soll dies auch bei dem Briefkopf und den Überschriften ausgenutzt werden, so daß hier vor den eigentlichen Druckbefehlen noch Steuerkommandos an den Drucker gegeben werden müssen. Diese können anders lauten, als im Programm steht. Sie müssen im Handbuch nachgesehen werden.

Die verschiedenen Programmteile für den Druck der Arbeitspositionen werden mit einem Menü abgerufen. Um sie so kurz wie möglich zu halten, enthält jedes von ihnen die Eingabefragen für die veränderlichen Werte, den auszudruckenden Text, Rechenbefehle und die formatierten Druckbefehle. Die kundenspezifischen Textpositionen werden also nicht gespeichert, sondern gleich gedruckt. Werden Kopien benötigt, muß mit Durchschlagpapier gearbeitet werden.

Nicht ganz einfach ist bei derartigen Programmen die richtige Positionierung der Druckzeilen auf dem Papier. Auf dem Bildschirm kann man sie meist nicht ansehen, da die Zeilenlängen beim Drukker und beim Bildschirm unterschiedlich sind. Es hilft also nur das Probieren. Für die Positionierung in der Zeile werden Leerzeichen in den Zeichenketten oder die TAB-Funktion verwendet. Für die Zeilenfortschaltung ist der leere PRINT-Befehl am einfachsten in der Anwendung.

Das in Abb. 31 gezeigte Programm enthält nur wenige Positionen im Menü, und nur 3 Teilprogramme sind vollständig programmiert. Weitere Positionen können aber leicht nach dem gleichen Schema geschrieben werden. Im einzelnen werden noch folgende Anmerkungen zur Programmliste gegeben:

50 Da der Name im Briefkopf in Breitschrift gedruckt werden soll, wird vorher das Steuerzeichen 14 und danach zur Abschaltung der Breitschrift das Steuerzeichen 20 ausgegeben.

100–170 Die einzelnen Bestandteile der Adresse werden einzeln abgefragt, aber gemeinsam gedruckt, wenn alles eingegeben ist.

180 Die Länge des Unterstreichungsstriches unter dem Ortsnamen richtet sich nach dessen Länge.

440 Die Ausgabe des Steuerzeichens für die Beendigung der Breitschrift ist meist nicht notwendig, wenn danach ein Zeilentransport erfolgt.

```
10 REM Angebot oder Rechnung  ANGEBRE 1472 Byte
20 CLEAR 2000: U$="####.##": CLS
40 INPUT"DATUM";D$
50 LPRINT CHR$(14);"MAX SCHULZ";CHR$(20);
60 LPRINT TAB(25)"3456 Kleindorf, den";D$
70 LPRINT"     Malermeister";TAB(33)"STEINWEG 12
90  LPRINT TAB(33)"TEL. 03456-123": LPRINT
100 INPUT"Anrede";A$
110 INPUT"Vorname und Name";N$
120 INPUT"Straße";S$
130 INPUT"PLZ und Ort";O$
140 LPRINT: LPRINT A$
150 LPRINT N$: LPRINT
160 LPRINT S$: LPRINT
170 LPRINT O$
180 LPRINT STRING$(LEN(O$),61)
400 INPUT"Rechnung <R> oder Angebot <A>";X$
410 IF X$="R" THEN 440
420 IF X$="A" THEN 460
430 GOTO 400
440 LPRINT CHR$(14);TAB(10);"R e c h n u n g": LPRINT
450 GOTO 500
460 LPRINT;CHR$(14);TAB(10);"A n g e b o t": LPRINT
500 CLS: PRINT"Auswahl der Arbeiten"
510 PRINT" 1. Wände abwaschen           2. Wände streichen
520 PRINT" 3. Tapeten kleben            4. Rauhfaser
530 PRINT" 5. Fenster streichen         6. Türen streichen
540 PRINT"7.Abschluß
600 INPUT X
610 ON X GOTO 1000,1100,1200,1300,1400,1500,2000
620 GOTO 500
630 GP=GP+EP : GOTO 500
1000 INPUT"Höhe";H: INPUT"Wandlänge";L
1010 INPUT"Arbeitspreis/qm";AP
1020 QM=H*L: EP=QM*AP
1030 LPRINT QM;"qm   Wandfläche SLäubern und abwaschen
1040 LPRINT"           pro qm DM "AP
1050 LPRINT TAB(48)"DM";TAB(55);USING U$;EP
1060 LPRINT: GOTO 630
1100 INPUT"Höhe";H: INPUT"Wandlänge";L
1110 INPUT"Arbeitspreis/qm";AP
1120 QM=H*L: EP=QM*AP
1130 LPRINT QM;"qm   Wandfläche mit Binderfarbe streichen
1140 LPRINT"           pro qm DM "AP
1150 LPRINT TAB(48)"DM";TAB(55);USING U$;EP
1160 LPRINT: GOTO 630
1200 '
1300 '
1400 '
1500 '
2000  LPRINT TAB(50)"----------------"
2010 LPRINT TAB(36)"Nettosumme  DM";TAB(55);USING U$;GP
2020 MW=GP*0.14: BP=GP+MW
2030 LPRINT TAB(36)"14 % Mw.St. DM";TAB(55);USING U$;MW
2040 LPRINT TAB(50)"================"
2050 LPRINT TAB(36)"TOTAL       DM";TAB(55);USING U$;BP
```

Abb. 31: Programm »Angebot« oder »Rechnung«

630 Hier erfolgt die Addition der Einzelpreise EP zum Gesamtpreis GP nach jedem Abdruck.

1000–1060 In jedem Teilprogramm müssen die Ausmaße und der Arbeitspreis abgefragt und eingegeben werden. Daraus wird die Quadratmeterfläche QM und der Einzelpreis EP berechnet, und dann alles zusammen mit dem Text ausgedruckt. Damit die Preise schön untereinander stehen, wird mit PRINT USING gearbeitet.

2000–2050 In diesem Programmteil wird die Mehrwertsteuer berechnet, danach werden die abschließenden Preise gedruckt.

Beispiel 10: Quellensammlung

Lernziele

Datenspeicherung in DATA-Zeilen
Verwendung der RESTORE-Anweisung
Suchen mit mehreren Schlüsseln
Druckerausgabe in Kolonnen

Fachbücher und Zeitschriften enthalten meist viele Informationen, die man bei Gelegenheit später braucht und dann nur schwer wiederfinden kann. Hier hilft ein Quellenverzeichnis, das nach Stichworten sortiert das Auffinden bestimmter Veröffentlichungen erleichtert.

Es soll ein Programm geschrieben werden, das von mehreren hundert Literaturstellen jeweils eine Überschrift, die Fundstelle und zwei Suchnummern speichert. Das Verzeichnis soll durch das Programm durchsucht werden, und die unter einer Suchnummer gefundenen Eintragungen sind wahlweise anzuzeigen oder abzudrucken.

Bei dieser Aufgabe ist zunächst zu untersuchen, wie die Eintragungen der Quellen gespeichert werden können. Hierfür kann man eine Datei aufbauen und auf einer Kassette oder Diskette abspeichern. Hier soll jedoch eine Methode angewendet werden, bei der die Daten im Programm selbst gespeichert werden. Das Laden von einer Kassette geht auf diese Weise schneller, als wenn Programm und Datei getrennt sind.

Durch eine Überschlagsrechnung wird ermittelt, ob die Kapazität des Arbeitsspeichers reicht. Wenn für eine Eintragung im Durchschnitt 40 Zeichen benötigt werden, können bei einer Kapazität des Arbeitsspeichers von 32 KByte einschließlich des Programms ca. 750 Eintragungen untergebracht werden, was schon ganz beachtlich ist.

Es ist zweckmäßig, die Suchworte, nach denen die Quelleneintragungen ausgewertet werden sollen, auch in DATA-Zeilen abzulegen und in ein Feld einzulegen. Da sie mehrfach im Programm benötigt werden, kann man sie dann leicht als Variable abrufen. Vor dem Lesen wird hier die RESTORE-Anweisung verwendet, die dafür sorgt, daß ein nachfolgender READ-Befehl wieder mit der ersten DATA-Zeile beginnt.

Bei einer derartigen Aufgabe ist es zweckmäßig, beim Suchen nicht mit den Suchworten zu arbeiten, sondern dafür Zahlen zu verwenden, da diese weniger Speicherraum in den Quellenzeilen benötigen. Hier werden zwei durch einen Punkt (nur wegen der besseren Lesbarkeit) getrennte zweistellige Zahlen verwendet.

Für die Quelleneintragungen wird das in Abb. 32 gezeigte Format gewählt. In jeder DATA-Zeile steht eine Eintragung in einer Zeichenkette, beginnend mit den Suchnummern. Bei einigen BASIC-Versionen muß die Zeichenkette in Anführungszeichen stehen, was hier nicht notwendig ist.

```
2000 DATA01.54 CH 11/81s16 Geschichte MP
2002 DATA25.55 CH 11/81s34 alphatronic
2004 DATA16.55 CH 11/81s42 Philips Daten Recorder
2006 DATA26.29 CH 11/81s57 Dateisystem
2008 DATA16.55 CH 11/81s114 ATARI
2010 DATA26.56 CH 11/81s122 Vergleich Bef.Aufbau
2012 DATA29.42 CH 11/81s146 BASIC Erweiterung
2014 DATA24.55 MC 3/81s26 Adcomp Plotter
2016 DATA34.54 MC 3/81s31 Focal.
2018 DATA20.55 MC 3/81s36 MX-80 und 737-2
2020 DATA05.56 MC 3/81s40 Dynamische Speicher
5000 DATA END
```

Abb. 32: Schema für die Eintragung der Quellenhinweise im Programm

Der Programmaufbau ist einfach. Es wird wieder ein Menü programmiert. Für die Anzeige und den Druck der Suchworte und der gefundenen Eintragungen müssen verschiedene Programmteile geschrieben werden, da für Ausgaben auf dem Bildschirm und auf dem Drucker unterschiedliche Methoden für die Positionierung der einzelnen Ausgabedaten verwendet werden müssen.

Zusätzlich zur Programmaufgabe wird dem Bediener noch die Möglichkeit gegeben, alle Suchworte auszudrucken. Im übrigen werden die Suchworte auch vor jeder Wahl auf dem Bildschirm gezeigt.

Das in Abb. 33 gezeigte Programm kann mit wenigen Änderungen auch zum Beispiel für das Speichern einer Schallplattensammlung oder für die Ordnung einer Bibliothek verwendet werden. Zum Programm noch folgende Erklärungen:

20–50 Die Dimensionierung des Feldes für die Suchworte und die Voreinstellung des Schleifenzählers in der Leseschleife muß der Anzahl der Suchworte angepaßt werden. Es ist zweckmäßig, nicht mehr Suchworte zu verwenden, als auf einem Bildschirm übersichtlich darzustellen sind.

200 Wenn neue Eintragungen gemacht werden sollen, kann dies nur im Direktbetrieb und nicht während des Programmlaufs erfolgen. Es werden darum einfach alle DATA-Zeilen ausgelistet, wonach das Programm abbricht. Wenn bei der verwendeten BASIC-Version das LIST-Kommando nicht als Programmanweisung zulässig ist, muß in 200 ein PRINT-Befehl mit Hinweisen für den Bedienenden und dann ein END-Befehl stehen.

300 u. 500 Vor den Leseschleifen wird immer das Unterprogramm zur Anzeige der Suchworte zusammen mit den Suchnummern in 900 angesprungen. Dieses enthält auch die Abfrage der Suchnummer.

300–410 Der Schleifenzähler für die Leseschleife ist willkürlich auf maximal 400 gesetzt, weil anfangs nicht mit mehr Eintragungen gerechnet wird. Es wird eine DATA-Zeile nach der anderen gelesen, und die am Anfang der Zeile stehenden Suchnummern werden einzeln abgetrennt. Die als Zahl eingegebene Suchnummer muß in eine Zeichenkette gewandelt werden, damit ein Vergleich mit den Nummern in den DATA-Zeilen möglich ist. Wenn einer der Vergleiche wahr ist, erfolgt die Anzeige des in der DATA-Zeile gespeicherten Strings.

```
10 REM Quellenverzeichnis  QUELVERZ
20 CLEAR 2000: DIM S$(56)
50 FOR K = 1 TO 56: READ S$(K): NEXT
100 CLS: PRINT"Auswahl für Programmlauf"
110 PRINT: PRINT"1. Neueintragen"
120 PRINT"2. Suchen und Anzeigen"
130 PRINT"3. Suchen und Drucken"
140 PRINT"4. Suchwörter Drucken"
150 PRINT"5. Beenden"
170 INPUT"Bitte Nr. eingeben";X
180 ON X GOTO 200,300,500,1000,1100
190 GOTO 100
200 LIST 2000-
300 GOSUB 900
310 CLS: PRINT"Gefunden für Suchwort - ";S$(N)
320 PRINT"----------------------------------------"
330 FOR K = 1 TO 400: READ A$
350 B$=LEFT$(A$,2): C$=MID$(A$,4,2)
360 B=VAL(B$) : C=VAL(C$)
370 IF B=N OR C=N THEN PRINT A$: L=L+1
380 IF L=13 THEN L=0: INPUT"weiter <j>";X$
390 IF A$="END" THEN PRINT"DAS IST ALLES": GOTO 410
400 NEXT
410 INPUT"Weiter <j>";X$: GOTO 100
500 GOSUB 900
510 LPRINT"Gefunden für Suchwort - ";S$(N)
520 LPRINT STRING$(40,45)
530 FOR K = 1 TO 400
540 READ A$
550 B$=LEFT$(A$,2): C$=MID$(A$,4,2)
560 B=VAL(B$) : C=VAL(C$)
570 IF B=N OR C=N THEN LPRINT A$
580 IF A$="END" THEN LPRINT"DAS IST ALLES": GOTO 100
590 NEXT
800 DATA MP.Allgem.,8080/Z 80,MP Anw.Allg.,Sensoren
802 DATA Hl-Speicher,65xx,MC Anw.Allg.,Schnittstel.
804 DATA Anzeigen,68xx,Spiele,Bildschirm
806 DATA Bauelemente,Einchip MP,Mathematik,Speicher
808 DATA MP Lernger.,8-Bit MP,Daten-Text,Drucker
810 DATA MP Entw'ger,16-Bit MP,Kaufmänn.,And.Periph
812 DATA P-Computer,BASIC,Steuerungen,Sprachcomp
814 DATA CBM/Apple,Pascal,Grafik,Ton
816 DATA TRS/Genie,And.H'Spr,Haushalt,x
818 DATA Ein-Chip,Betr.Prog.,M'bau,x
820 DATA 8-Bit MP,Hilfsprog.,Verkehr,x
822 DATA 16-Bit MP,x,x,x
824 DATA x,x,Tips+Hilfen,Bauanleitg.
826 DATA Groß EDV,Übersicht,Test,Grundlagen
900 RESTORE
910 FOR K = 1 TO 56: READ A$: PRINT K;A$,: NEXT
950 PRINT: INPUT"Eingben  <Nr> zum Suchen";N
970 RETURN
1000 LPRINT"      S u c h w ö r t e r": LPRINT
1010 RESTORE
1020 FOR K=1 TO 56: READ A$: LPRINT K;A$,
1070 IF K/4 = INT(K/4) THEN LPRINT
1080 NEXT: GOTO 100
1100 END
```

Abb. 33: Programm »Quellenverzeichnis«

Da auf dem Bildschirm des verwendeten Computers nur 16 Zeilen gezeigt werden können, muß die Anzeige auf 14 Zeilen (0 bis 13) begrenzt werden, damit bei einem Abbruch die dann erscheinende READY-Anzeige das Bild nicht nach oben schiebt. Das Programm wird mit dem INPUT-Befehl in 380 so lange angehalten, bis vom Bedienenden eine beliebige Taste gedrückt wird.

Wird die als letzte in den DATA-Zeilen stehende Eintragung »END« gefunden, wird eine Meldung ausgegeben. Zum Menü wird aber erst zurückgesprungen, wenn eine Taste betätigt ist.

500–590 Die Suchschleife mit Abdruck der Quellen auf dem Drucker ist genauso aufgebaut, nur fehlt die Zeilenzählung.

900–970 Am Anfang des Unterprogramms zur Ausgabe der Suchwörter steht immer der RESTORE-Befehl, damit das Einlesen bei der ersten DATA-Zeile im Programm beginnt.

1000–1080 Auf dem Bildschirm werden die Suchwörter wegen des Kommas bei dem verwendeten Computer in 4 Kolonnen mit bis zu 16 Zeichen ausgegeben. Da die Drucker aber meist 80 oder mehr Zeichen in einer Zeile drucken, ehe automatisch ein Zeilentransport erfolgt, muß dieser in der Druckschleife extra programmiert werden.

```
     S u c h w ö r t e r

1 MP.Allgem.      2 8080/Z 80       3 MP Anw.Allg.    4 Sensoren
5 Hl-Speicher     6 65xx            7 MC Anw.Allg.    8 Schnittstel.
9 Anzeigen        10 68xx           11 Spiele         12 Bildschirm
13 Bauelemente    14 Einchip MP     15 Mathematik     16 Speicher
17 MP Lernger.    18 8-Bit MP       19 Daten-Text     20 Drucker
21 MP Entw'ger    22 16-Bit MP      23 Kaufmänn.      24 And.Periph
25 P-Computer     26 BASIC          27 Steuerungen    28 Sprachcomp
29 CBM/Apple      30 Pascal         31 Grafik         32 Ton
33 TRS/Genie      34 And.H'Spr      35 Haushalt       36 x
37 Ein-Chip       38 Betr.Prog.     39 M'bau          40 x
41 8-Bit MP       42 Hilfsprog.     43 Verkehr        44 x
45 16-Bit MP      46 x              47 x              48 x
49 x              50 x              51 Tips+Hilfen    52 Bauanleitg.
53 Groß EDV       54 übersicht      55 Test           56 Grundlagen

Gefunden für Suchwort - Test
----------------------------------------
25.55 CH 11/81s34 alphatronic
16.55 CH 11/81s42 Philips Daten Recorder
16.55 CH 11/81s114 ATARI
24.55 MC 3/81s26 Adcomp Plotter
20.55 MC 3/81s36 MX-80 und 737-2
DAS IST ALLES
```

Abb. 34: Lauf des Programms »Quellenverzeichnis«

In 1070 wird immer untersucht, ob schon eine durch 4 ohne Rest teilbare Anzahl von Suchwörtern gedruckt wurde, und wenn dies der Fall war, ein Zeilentransport veranlaßt.

Ein Programmlauf ist in Abb. 34 zu sehen.

Beispiel 11: Mehrspaltenaddition

Lernziele

Einfache und doppelte Genauigkeit
Wahlweise Druckeransteuerung mit Merker
Löschen der Inputanzeige
Formatisierte Ausgabe ohne PRINT USING

In der kaufmännischen Praxis besteht oft die Aufgabe, auf Belegen stehende Beträge zu addieren. Wenn nur ein Betrag pro Beleg zu bearbeiten ist, geht dies mit einer Additionsmaschine recht flott. Stehen aber auf jedem Beleg mehrere Beträge, müssen die Belege mehrfach in die Hand genommen werden, was recht lästig ist.

Es dürfte darum wohl nützlich sein, ein Computerprogramm zur Hand zu haben, das die Addition in mehreren Spalten erlaubt. Die Programmieraufgabe hierfür lautet:

Es soll ein Programm geschrieben werden, das wahlweise Additionen in 1 bis 4 Spalten durchführt und die einzelnen Posten und das Ergebnis entweder abdruckt oder auf dem Bildschirm anzeigt.

Bei einer derartigen Aufgabe ist es oft zweckmäßig, gewisse Vorüberlegungen über die Genauigkeit der Rechnung anzustellen. Wenn ein Computer grundsätzlich mit mindestens 9 genauen Stellen rechnet, ist dies in Ordnung. Man kann noch bis zu einem Ergebnis von 9 999 999,99 addieren. Wenn aber nur mit 6 genauen Stellen gearbeitet wird, ist dies für Additionen mit Pfennigen recht knapp. Man sollte dann mit doppelter Genauigkeit rechnen lassen. Am einfachsten geht dies, wenn die verwendete BASIC-Version Befehle kennt, die zu Beginn die Definierung einer Variablen als doppelt genau zuläßt, wie hier im Beispiel gezeigt.

Die Problematik bei dieser Aufgabe liegt im übrigen einmal in der Forderung, daß wahlweise in 1 bis 4 Spalten gedruckt werden soll, und zum zweiten in der wahlweisen Ausgabe als Abdruck oder auf dem Bildschirm.

Für beides gibt es mehrere Lösungen. Damit auch im Programm immer nur so viele Rechnungen laufen, wie Spalten gewählt wurden, ist es zweckmäßig, für die Ein- und Ausgaben Schleifen zu verwenden, die so oft laufen, wie Spalten gewählt wurden. Die eingegebenen Posten und auch die Ergebnisse werden Feldvariablen zugewiesen, deren Indexziffer der Spaltennummer entspricht.

Die Verwendung eines zweidimensionalen Feldes mit einer Dimension für die Spalten und der anderen für die Postennummer ist nicht notwendig. Wenn die Addition sofort nach der Eingabe erfolgt, können immer die gleichen Feldelemente für die Einzelbeträge benutzt werden, und es genügt ein eindimensionales Feld.

Für die wahlweise Ansteuerung von Drucker oder Bildschirm könnte man zwei getrennte Programm-Module schreiben. Hier wird aber gezeigt, wie beides auch in einem Modul programmiert werden kann. Man verwendet dazu einen *Merker* (englisch FLAGG). Vor den Ausgabebefehlen an den Drucker wird immer geprüft, ob der Merker gesetzt wurde – in diesem Fall ob ein B in die Variable A$ geschrieben wurde – und dann die Befehle für die Ausgabe an den Drucker übersprungen. Es laufen dann nur die Befehle für die Bildschirmausgabe, die wiederum übersprungen werden, wenn eine Druckerausgabe gewünscht wird.

Da die Bildschirmausgabe auch in Spalten erfolgen soll, muß das Problem gelöst werden, die Anzeige des INPUT-Befehls nach der Eingabe wieder zu löschen. Man könnte statt mit INPUT mit GET oder INKEY$, also mit Befehlen, die nicht automatisch eine Bildschirmanzeige erzeugen, arbeiten, aber dann hat man keine Möglichkeit, eine falsche Eingabe noch vor der Übernahme in den Computer zu korrigieren.

Aus diesem Grunde werden hier die Eingabewerte auf dem Bildschirm immer gleich wieder gelöscht, indem der Cursor eine Zeile nach oben gesteuert und dann die Zeile gelöscht wird. Leider sind die hierfür notwendigen Steuerkommandos in allen BASIC-Versionen unterschiedlich.

Da der Befehl PRINT USING nicht in allen BASIC-Versionen vorhanden ist, wird ein Unterprogramm für die Formatierung verwendet, das vor jeder Ausgabe angerufen wird.

```
10 REM Mehrspaltenaddition  ADDPROG 1100 Byte
20 CLEAR 2000: CLS:  DEFDBL B,F,S
30 PRINT"Dies Programm addiert in max. 4 Spalten,
Summenbildung durch Eingeben von 9999.
Spaltenüberschriften max.14 Zeichen.": PRINT
40 INPUT"Wieviel Additionsspalten <1 bis 4>";A
50 IF A=1 OR A=2 OR A=3 OR A=4 THEN 70
60 GOTO 40
70 INPUT"Ausgabe Drucker <D> oder Bildschirm <B>";X$
80 IF X$="D" OR X$="B" THEN 100
90 GOTO 70
100 FOR K = 1 TO A
110 INPUT"Spaltenüberschrift";E$(K)
120 NEXT: CLS
130 IF X$="B" THEN 180
160 LPRINT E$(1),E$(2),E$(3),E$(4): LPRINT
170 GOTO 200
180 PRINT E$(1),E$(2),E$(3),E$(4): PRINT
200 FOR K = 1 TO A
210 PRINT E$(K);:INPUT B(K)
220 PRINT CHR$(27);CHR$(30);
230 IF B(K) = 9999 THEN 400
240 F=B(K): GOSUB 1000
250 B(K)=VAL(G$): S(K)=S(K)+B(K): NEXT
260 FOR K = 1 TO A
270 IF X$="B" THEN 310
280 F=B(K): GOSUB 1000
290 LPRINT TAB(12+(K-1)*15-L) G$;
300 NEXT: LPRINT: GOTO 200
310 F=B(K): GOSUB 1000
320 PRINT TAB(12+(K-1)*15-L) G$;
330 NEXT: PRINT: GOTO 200
400 FOR K = 1 TO A
410 IF X$="B" THEN 440
420 LPRINT STRING$(15,61),
430 NEXT: LPRINT: GOTO 500
440 PRINT STRING$(15,61),
450 NEXT: PRINT
500 FOR K = 1 TO A
510 F=S(K): GOSUB 1000
520 IF X$="B" THEN 550
530 LPRINT TAB(12+(K-1)*15-L) G$;
540 NEXT: END
550 PRINT TAB(12+(K-1)*15-L) G$;
560 NEXT: END
1000 F$=STR$(INT(F*100+.5))
1010 L=LEN(F$)
1020 G$=LEFT$(F$,L-2)+"."+RIGHT$(F$,2)
1030 RETURN
```

Abb. 35: Programm »Mehrspaltenaddition«

Das vollständige Programm ist in Abb. 35 zu sehen. Hierzu noch folgende Erklärungen:

20 Die Variablen, deren Namen mit B, F und S beginnt, werden als Variable mit doppelter Genauigkeit definiert.

30 Da die Addition in einer Schleife läuft, muß die Abbruchbedingung festgelegt und dem Bedienenden mitgeteilt werden.

50 Die erlaubten Eingaben sind durch Oder-Verknüpfungen verbunden. Nur bei einer erlaubten Eingabe läuft das Programm weiter.

70–90 Je nachdem, ob der Drucker oder der Bildschirm für die Ausgabe gewählt wird, wird D oder B in der Merkervariable X$ gesetzt. Auch hier ist wieder eine Eingabeprüfung ratsam.

100–120 Es ist immer gut, den Spalten Überschriften zu geben. Die Schleife läuft so oft, wie Spalten gewählt werden.

130–180 Ist der Merker B gesetzt, werden die Befehle in 160 und 170 übersprungen. Anderenfalls steht in 170 der Sprungbefehl, der dafür sorgt, daß der Befehl für die Bildschirmausgabe nicht durchlaufen wird. Da Zeichenketten ohne Inhalt bei dem verwendeten BASIC keine Anzeige oder Abdruck ergeben, braucht keine Schleife für die Begrenzung der Ausgaben geschrieben zu werden.

200–330 Die Hauptschleife enthält Befehle für die Eingabe der Beträge, für die Ausgaben an den Drucker oder Bildschirm und für die Additionen sowie für die Erkennung der Abbruchbedingung.

220 Die Ausgabe von CHR$(27) setzt den Cursor eine Zeile höher an den Anfang und CHR$(30) löscht dann diese Zeile. Danach muß ein Semikolon stehen, damit kein Zeilentransport stattfindet.

240–310 Vor dem Anruf des Unterprogramms für die Formatierung muß der auszugebende Wert der Variablen F, die im Unterprogramm als Eingangsvariable verwendet wird, zugewiesen werden.

1000–1030 Im Unterprogramm wird der Eingangswert F zunächst mit 100 multipliziert, wodurch das Komma zwei Stellen nach rechts rückt. Dann wird zur Rundung der letzten Stelle 0.5

addiert und danach die Ganzzahl gebildet, die wiederum in eine Zeichenkette gewandelt wird. Ausgegeben wird vom Unterprogramm eine Zeichenkette, die aus den Zeichen der Ganzzahl weniger zwei Stellen, dem dazwischengesetzten Dezimalpunkt und den beiden letzten Stellen der Ganzzahl besteht.

290–320 Das Argument in der TAB-Funktion in den Ausgabebefehlen wird in jedem Schleifendurchgang neu berechnet. 12 ist die maximal erlaubte Stellenzahl, 15 der Spaltenabstand.

250 Da mit der Zeichenkette, die vom Unterprogramm zurückgegeben wird, nicht gerechnet werden kann, muß diese vor der Summenbildung in eine Zahl gewandelt werden. Es stört hier nicht, daß die Kette von der Wandlung im Unterprogramm her noch als erstes Zeichen das Vorzeichen enthält. So können auch negative Zahlen verarbeitet werden.

400–450 Hier wird lediglich ein Strich unter die eingegebenen Posten-Zahlen gesetzt, je nach dem Inhalt des Merker entweder auf dem Drucker oder dem Bildschirm.

500–560 Für die Ausgabe der Ergebnisse wird auch wieder das Formatierungs-Unterprogramm verwendet.

Ein Probelauf dieses Programms mit Druckerausgabe ist in Abb. 36 zu sehen.

```
Dies Programm addiert in max. 4 Spalten,
Summenbildung durch Eingeben von 9999.
Spaltenüberschriften max.14 Zeichen.

Wieviel Additionsspalten <1 bis 4>? 3
Ausgabe Drucker <D) oder Bildschirm <B>? D
Spaltenüberschrift? Hans
Spaltenüberschrift? Emil
Spaltenüberschrift? Otto



Hans           Emil           Otto

      124.00         231.00         352.00
       12.00         321.00          34.00
      321.00         541.00         344.00
      331.00         452.00         341.00
============== ============== ==============
      788.00        1545.00        1071.00
```

Abb. 36: Lauf des Programms »Mehrspaltenaddition«

Beispiel 12: Kalenderdruck mit Wochentagen

Lernziele

Berechnung von Kalendertagen
Verschachtelte Druckschleifen
TAB-Funktion mit berechnetem Argument
Verwendung von Hilfsvariablen

Oft ist es notwendig, schon frühzeitig für das kommende Jahr Planungen durchzuführen. Neue Kalender sind dann meist noch nicht verfügbar, und so dürfte ein Programm von Interesse sein, das den Abdruck des Jahreskalenders mit Wochentagen für jedes beliebige Jahr ermöglicht. Die Programmieraufgabe hierfür lautet:

Es soll ein Programm geschrieben werden, das nach Eingabe der Jahreszahl den Kalender mit Angabe der Wochentage auf einen DIN-A4-Bogen druckt.

Die vorliegende Aufgabe besteht eigentlich aus zwei Teilen. Um den Kalender für ein beliebiges Jahr drucken zu können, muß zunächst berechnet werden, auf welchen Wochentag die ersten Tage der einzelnen Monate fallen.

Für die Wochentagberechnung gibt es eine ganze Reihe von Rechenanweisungen. Hier kann man die Aufgabe etwas einfacher lösen. Zuerst wird der Wochentag des 1. Januar berechnet, und davon ausgehend dann die Wochentage der anderen Monatsanfänge, die immer den Elementen des Feldes A(x) zugewiesen werden.

Hierfür wird die Zahl der Tage vom Beginn unserer Zeitrechnung an durch Multiplikation der Jahreszahl mit 365 berechnet und hiervon die Anzahl der kompletten Wochen abgezogen. Man erhält dann als Rest eine Zahl von 0 bis 6, die um 1 erhöht die Kennzahl für einen Wochentag bedeutet.

Sie ist allerdings noch nicht richtig, denn unser Kalender hat ja noch einige Besonderheiten. Da ist zunächst der Übergang vom Julianischen zum Gregorianischen Kalender, der unberücksichtigt bleibt. Berücksichtigt werden die normalen Schaltjahre, aber nicht die Besonderheiten bei den vollen Jahrhunderten. Man probiert die Formel darum aus und gibt einen Korrekturfaktor hinzu, wie es in den Zeilen 100 und 110 gezeigt ist.

Damit die Anfangstage der einzelnen Monate berechnet werden können, muß deren Länge bekannt sein. Sie wird neben den Monatsnamen im Feld M$(x), im Feld L(x) gespeichert. Ebenso werden die Namen der Wochentage im Feld W$(x) abgelegt. Alle Felder werden vor der Druckschleife eingelesen.

```
10 REM Kalenderdruck KALDRUCK 947 Byte
20 DIM M$(12),L(12),A(12)
30 INPUT"Jahreszahl ";JA
40 LPRINT"                          Kalender für ";JA
50 LPRINT"                          ==================="
70 DATA "MONTAG","DIENSTAG","MITTWOCH","DONNERSTAG",
"FREITAG","SAMSTAG","SONNTAG"
80 DATA "JANUAR",31,"FEBRUAR",28,"MAERZ",31,"APRIL",
30,"MAI",31,"JUNI",30,"JULI",31,"AUGUST",31,"SEPTEMBER",
30,"OKTOBER",31,"NOVEMBER",30,"DEZEMBER",31
100 A(1)=365*JA+INT((JA-1)/4)+5
110 A(1)=A(1) - INT(A(1)/7)*7 +1
200 FOR K = 1 TO 7
210 READ W$(K):NEXT K
220 FOR J = 1 TO 12
230 READ M$(J),L(J): NEXT
240 IF INT(JA/4) = JA/4 THEN L(2)=29
300 FOR J = 2 TO 12
310 A(J) = L(J-1) - 28 + A(J-1)
320 IF A(J) > 7 THEN A(J) = A(J) - 7
330 NEXT
400 FOR J = 1 TO 11 STEP 2
410 LPRINT TAB(12)M$(J);TAB(38)M$(J+1)
420 FOR K = 1 TO 7
430 LPRINT W$(K);
440 Y = 11
450 IF K<A(J) THEN Y=Y+4: T=K-A(J)+8: GOTO 470
460 T = K-A(J)+1
470 LPRINT TAB(Y) T;
480 Y = Y+4: T = T+7
490 IF T <= L(J) THEN 470
500 J = J + 1
510 IF Y > 50 THEN J = J-2: GOTO 530
520 Y = 37 : GOTO 450
530 LPRINT: NEXT K
540 LPRINT
550 NEXT J
```

Abb. 37: Programm »Kalenderdruck«

Für die Programmierung der Druckerausgabe sind auch Vorüberlegungen notwendig. Es ist üblich, bei derartigen Kalendern jeden Monat als Tabelle zu zeigen, entweder die Tage mit dem gleichen Wochentag in einer Zeile oder in einer Spalte. Um den vorgegebenen Platz möglichst gut auszunutzen, sollen hier die Tage mit gleichem Wochentag für zwei Monate nebeneinander immer in einer Zeile stehen.

Für das Verständnis des in Abb. 37 gezeigten Programms sind noch folgende Erklärungen nützlich.

300–330 Nachdem der Wochentag für den 1. Januar schon berechnet wurde, werden in dieser Schleife die Wochentage der weiteren 11 Monatsanfänge bestimmt.

400–550 Für den Abdruck werden drei verschachtelte Schleifen verwendet, in denen die Tabulatorpositionen laufend geändert werden. Die äußerste FOR . . NEXT-Schleife mit der Laufvariablen J und STEP 2 bestimmt die Monate. Die Schleife mit der Laufvariablen K sorgt jeweils für den Druck von 7 Zeilen für 7 Wochentage. In der Monatsschleife werden am Anfang die Monatsnamen und in der Wochenschleife zunächst der Wochentag gedruckt.

In der dritten Schleife werden die Argumente für die TAB-Funktion in der Hilfsvariablen Y und die Tagesdaten in der Variablen T berechnet und das Datum gedruckt. In 450 wird zunächst geprüft, ob in die erste Spalte überhaupt ein Datum eingesetzt werden darf.

Um die Daten für den zweiten in der gleichen Zeile stehenden Monat zu drucken, wird die Laufvariable J in 500 incrementiert und mit einem neuen Anfangswert für die Tabulatorrechnung weitergearbeitet.

Der Abbruch des Drucks in einer Zeile erfolgt, wenn der Tabulatorwert höher ist, als für den Druck der Tage von zwei Monaten nebeneinander benötigt werden (Zeile 510). Die Laufvariable J muß wieder zurückgesetzt werden, damit der Druck beim nächsten Schleifenanfang wieder vorn beginnt.

Es dürfte einleuchten, daß die Programmierung eines derartigen Druckprogramms nur durch mehrfaches Probieren zum Erfolg gebracht werden kann. Das Ergebnis ist in Abb. 38 zu sehen.

```
                  Kalender für 1985
                  ==================
            JANUAR                     FEBRUAR
MONTAG          7   14  21  28             4   11  18  25
DIENSTAG    1   8   15  22  29             5   12  19  26
MITTWOCH    2   9   16  23  30             6   13  20  27
DONNERSTAG  3   10  17  24  31             7   14  21  28
FREITAG     4   11  18  25             1   8   15  22
SAMSTAG     5   12  19  26             2   9   16  23
SONNTAG     6   13  20  27             3   10  17  24

            MAERZ                      APRIL
MONTAG          4   11  18  25         1   8   15  22  29
DIENSTAG        5   12  19  26         2   9   16  23  30
MITTWOCH        6   13  20  27         3   10  17  24
DONNERSTAG      7   14  21  28         4   11  18  25
FREITAG     1   8   15  22  29         5   12  19  26
SAMSTAG     2   9   16  23  30         6   13  20  27
SONNTAG     3   10  17  24  31         7   14  21  28

            MAI                        JUNI
MONTAG          6   13  20  27             3   10  17  24
DIENSTAG        7   14  21  28             4   11  18  25
MITTWOCH    1   8   15  22  29             5   12  19  26
DONNERSTAG  2   9   16  23  30             6   13  20  27
FREITAG     3   10  17  24  31             7   14  21  28
SAMSTAG     4   11  18  25             1   8   15  22  29
SONNTAG     5   12  19  26             2   9   16  23  30

            JULI                       AUGUST
MONTAG      1   8   15  22  29             5   12  19  26
DIENSTAG    2   9   16  23  30             6   13  20  27
MITTWOCH    3   10  17  24  31             7   14  21  28
DONNERSTAG  4   11  18  25             1   8   15  22  29
FREITAG     5   12  19  26             2   9   16  23  30
SAMSTAG     6   13  20  27             3   10  17  24  31
SONNTAG     7   14  21  28             4   11  18  25

            SEPTEMBER                  OKTOBER
MONTAG          2   9   16  23  30         7   14  21  28
DIENSTAG        3   10  17  24         1   8   15  22  29
MITTWOCH        4   11  18  25         2   9   16  23  30
DONNERSTAG      5   12  19  26         3   10  17  24  31
FREITAG         6   13  20  27         4   11  18  25
SAMSTAG         7   14  21  28         5   12  19  26
SONNTAG     1   8   15  22  29         6   13  20  27

            NOVEMBER                   DEZEMBER
MONTAG          4   11  18  25             2   9   16  23  30
DIENSTAG        5   12  19  26             3   10  17  24  31
MITTWOCH        6   13  20  27             4   11  18  25
DONNERSTAG      7   14  21  28             5   12  19  26
FREITAG     1   8   15  22  29             6   13  20  27
SAMSTAG     2   9   16  23  30             7   14  21  28
SONNTAG     3   10  17  24             1   8   15  22  29
```

Abb. 38: Lauf des Programms »Kalenderdruck«

7. Datenspeicherung in sequentiellen Dateien

Daten müssen bei sehr vielen Programmieraufgaben gespeichert werden, und so muß sich auch jeder fortgeschrittene BASIC-Programmierer mit dem Aufbau und der Benutzung von Dateien beschäftigen. Es gibt aber in der Computertechnik sehr viele verschiedene Verfahren, Daten zu speichern, und noch viel mehr Möglichkeiten, Dateien aufzubauen.

Während das Speichern und Laden von Programmen bei den heute auf dem Markt befindlichen Home- und Personalcomputern meist einfach ist, gibt es bei der Datenspeicherung und beim Aufbau von Dateien viel mehr Probleme.

In diesem Kapitel wird nur der noch verhältnismäßig einfach zu handhabende *Dateityp* der *sequentiellen Datei* besprochen.

7.1 Der Unterschied zwischen Programm- und Datenspeicherung

Als *Datei* (englisch FILE) bezeichnet man in der Computertechnik eine logisch zusammengehörige Folge von Daten, die außerhalb des eigentlichen Computers dauerhaft gespeichert ist, und die jederzeit wieder ganz oder teilweise in den Computer geladen und dort bearbeitet werden kann.

Hieraus ergibt sich, daß die Bearbeitung, also auch jede Änderung einer Datei, nur im Computer erfolgen kann. Andererseits muß jede sequentielle Datei nach einer Änderung immer wieder vollständig extern abgespeichert werden, da im allgemeinen nur externe Speicher in der Lage sind, größere Datenmengen auch bei Stromausfall dauerhaft zu speichern.

Grundsätzlich ist also ein Programm auch eine Datei. Trotzdem gibt es wesentliche Unterschiede zwischen einer *Programmdatei* und einer Datei, in der Daten zur Bearbeitung durch ein Programm gespeichert werden. Im Deutschen gibt es leider keine eindeutige Übersetzung für das englische Wort DATAFILE. Man nennt diese hier *Textdateien*, was aber nicht ganz korrekt ist, da diese auch Zahlen enthalten können.

Bei einer Programmdatei werden alle Zeichen genau in der Folge, wie sie im Programmspeicher des Computers stehen, auch in den externen Speicher geschrieben. Von dort aus können sie auch wieder in der gleichen Folge gelesen und im Arbeitsspeicher des Computers abgelegt werden. Zum Speichern und zum Lesen genügt meist jeweils nur ein Befehl, der immer als direktes Kommando zu geben ist.

In einer Textdatei dagegen werden die Inhalte von einzelnen Variablen, genauer gesagt von Speicherplätzen, die bestimmten Variablennamen zugeordnet sind, gespeichert. Die Speicherung jeder Variablen muß also einzeln durch Programmbefehle erfolgen. Ebenso ist auch für das Lesen jeder gespeicherten Information ein besonderer Befehl im Programm notwendig.

Es ist wichtig, zu erkennen, daß in Textdateien immer nur die Inhalte der Variablen, aber niemals deren Namen gespeichert werden. Der Programmierer hat dafür zu sorgen, daß beim Lesen die einzelnen Daten wieder den richtigen Variablen zugeordnet werden. Hierbei wird er durch das Organisationssystem des verwendeten Dateityps unterstützt. Leider gibt es aber dabei eine große Vielfalt von Verfahren und Ausführungen, von denen nur einige an dieser Stelle behandelt werden können.

7.2 Sequentielle Dateien

Sequentiell bedeutet in einer Folge, und dies ist auch das Kennzeichnende für diesen Dateityp. Alle Daten werden nacheinander, wie es das Programm verlangt, auf dem externen Datenträger abgelegt. Sie müssen darum auch wieder in der gleichen Reihenfolge, wie sie gespeichert wurden, gelesen und jeweils Variablen zugewiesen werden. Die Speicherung und das Lesen erfolgt Zeichen für Zeichen, wofür meistens der ASCII-Code verwendet wird.

Damit der Computer weiß, wann die Zeichen einer neuen Variablen beginnen, wird an das Ende jeder Variablen entweder selbständig durch den Computer oder durch Programmbefehle ein *Trennzeichen* gesetzt (Abb. 39). Ein anderes Trennzeichen schließt dann die Datenfolge ab.

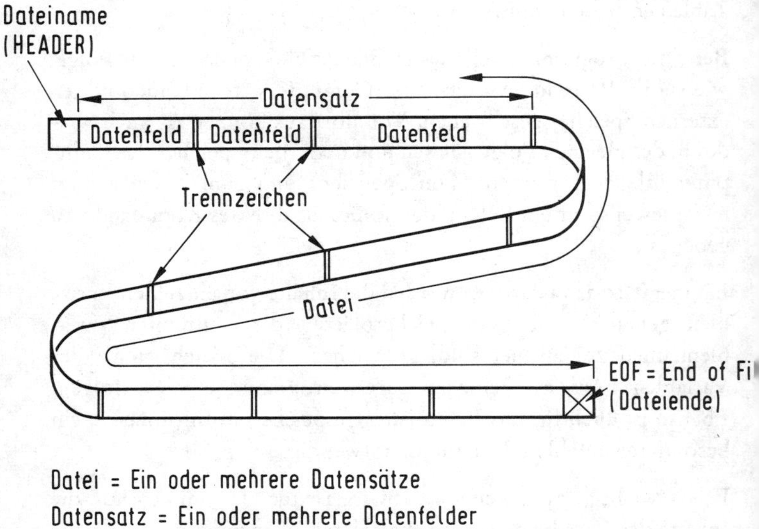

Abb. 39: Schema einer »sequentiellen Datei«

Beim Lesen muß immer am Anfang der Datei begonnen werden. Es ist nicht möglich, einzelne Daten in der Mitte der Datei allein zu lesen. Das Lesen kann aber abgebrochen werden, wenn die gesuchten Daten gefunden wurden.

Gespeichert werden kann immer nur die ganze im Arbeitsspeicher stehende Datei oder neue Daten im Anschluß an einen laufenden Speichervorgang. Mit gewissen Einschränkungen ist es auch möglich, an eine bestehende Datei noch etwas anzufügen.

Der Vorteil einer sequentiellen Datei liegt außer in der verhältnismäßig einfachen Handhabung vor allem darin, daß die Daten dicht an dicht, also ohne unausgenutzte Leerstellen, gespeichert werden. Der Speicherraum auf dem Datenträger wird so optimal ausgenutzt.

Andererseits liegt die Grenze für die Benutzung dieses Dateityps in der Kapazität des Arbeitsspeichers. Eine sequentielle Datei darf niemals mehr Daten haben, als im Arbeitsspeicher als Variable abzuspeichern sind.

7.3 Kassetten- und Diskettenspeicherung

Obwohl bei beiden Speichermedien mit sequentiellen Dateien gearbeitet werden kann, besteht doch ein sehr großer Unterschied zwischen Kassetten- und Diskettenspeicherung. Dieser Unterschied ist besonders gravierend, wenn man die Speicherung auf Tonbandkassetten in Vergleich zieht. Spezielle Daten-Kassetten oder ähnliche Systeme schneiden etwas besser ab.

Drei wesentliche Unterschiede sind je nach der verwendeten Hardware mehr oder minder deutlich ausgeprägt.

- Die Geschwindigkeit der Datenübertragung ist bei Disketten sehr viel höher als bei Tonbandkassetten.
- Während jede gespeicherte Datei anhand des Dateinamens selbständig auf einer Diskette gesucht und dann geladen wird, muß bei der Verwendung von Tonbandkassetten der Benutzer das Band meist mit Hilfe des Bandlängen-Zählwerks auf den Anfang der Speicherung stellen. Einige Systeme erlauben zwar auch das Suchen anhand des Dateinamens, aber nur bei speziellen Laufwerken für Datenkassetten ist dafür ein besonderer Schnellgang vorhanden.
- Das gleiche gilt für das Speichern. Beim Diskettenbetrieb sucht das Disketten-Operationssystem selbständig freien Speicherraum. Beim Kassettenbetrieb ist der Benutzer dafür zuständig, daß beim Speichern nicht eine alte Aufzeichnung überschrieben und damit unbrauchbar gemacht wird.

Vor allem wegen der Langsamkeit der Datenübertragung ergibt sich für den Kassettenbetrieb eine wesentliche Beschränkung für die Datenspeicherung in einer Textdatei. Datenspeicherung auf Tonbandkassetten ist eigentlich nur tragbar, wenn die Datei nur einmal zu Beginn der Arbeit mit dem Programm eingelesen wird und nach Beendigung der Arbeit neu organisiert wieder gespeichert wird. Mehrfaches Speichern und Laden von Daten während des Programmlaufs ist wegen der umständlichen Bedienung und der langsamen Datenübertragung mit Tonbandkassetten kaum machbar.

Bei den meisten der im folgenden Kapitel erklärten Programme wird hierauf Rücksicht genommen. Sie sind so geschrieben, daß nur am Anfang gelesen und am Ende gespeichert wird. Sie sind also sowohl für Kassetten- als auch für Diskettenbetrieb geeignet. Bei einigen nur für Diskettenbetrieb geschriebenen Programmen wird besonders darauf hingewiesen.

7.4 Befehle für den Kassettenbetrieb

Die BASIC-Befehle für den Kassettenbetrieb sind zwar bei allen Computern ähnlich, in keinem Fall ist es aber möglich, ein auf Kassette gespeichertes Programm auf einen Computer einer anderen Bauart zu übernehmen. Es gibt eine Vielzahl völlig unterschiedlicher Aufzeichnungsverfahren. Darüber hinaus sind aber auch noch die Methoden, mit denen der Datenverkehr zwischen Computer und Peripherie betrieben wird, verschieden.

Am meisten Übereinstimmung besteht noch bei den Befehlen für das Abspeichern und Laden von Programmen. Sie lauten immer SAVE oder CSAVE für das Speichern und LOAD oder CLOAD für das Laden. Wenn bei den betreffenden Computern die Möglichkeit besteht, mit zwei Recordern zu arbeiten, kann der angesprochene Recorder im Befehl angewählt werden. Meist ist es auch möglich, einen Programmnamen hinter das Befehlswort zu schreiben; der Computer sucht dann das Programm auf dem Band. Oft ist eine Prüfung der Speicherung mit VERIFY oder CLOAD? möglich.

Die Kassettenrecorder werden immer über eine besondere *Schnittstelle* angeschlossen. Bei einigen Computern wird das Laufwerk durch den Computer angesteuert, das heißt in Gang gesetzt und gestoppt. Bei anderen erfolgt eine Aufforderung hierzu auf dem Bildschirm. Das Vor- und Rückspulen des Bandes muß immer durch den Benutzer vorgenommen werden.

Wesentlich größere Unterschiede bestehen bei den Befehlen für die Speicherung von Daten. Im Grundsatz muß man hier zwei verschiedene Verfahren unterscheiden.

1. Bei einigen BASIC-Versionen, zum Beispiel beim Genie / TRS 80 und beim Apple werden für die Datenspeicherung auf einer Kassette andere Befehle verwendet, als für die Datenspeicherung auf einer Diskette. Hierdurch erkennt der Computer, wohin die Daten gehen müssen, so daß eine besondere Vorbereitung durch Festlegung eines Ausgabekanals nicht notwendig ist. Das gleiche gilt für das Einlesen der gespeicherten Daten.

   Aber auch hier gibt es wieder Unterschiede. Beim Apple können nur numerische Daten, die vorher in einem eindimensionalen Feld stehen müssen, auf einer Kassette gespeichert werden. Dafür genügt zur Speicherung eines ganzen Feldes der Befehl STORE x, wobei x der Name des Feldes ist. Auch das Lesen ist ebenso einfach. Hierfür wird der Befehl RECALL x verwendet.

   Beim Genie / TRS 80 können außer Zahlen auch Zeichenketten auf einer Kassette gespeichert werden. Der Speicherbefehl lautet PRINT#-1, und der Lesebefehl INPUT#-1. Den Befehlen können verschiedene Variablen, getrennt durch Kommas, angeschlossen werden. Selbstverständlich kann das Speichern und Einlesen auch in einer Schleife erfolgen, wenn ein Feld verarbeitet wird. Dann erzeugt das RETURN-Kommando ein Trennzeichen.

2. Einige Computer fordern, daß vor jeder Datenspeicherung ein Ausgabekanal bestimmt wird, und daß hierbei das zu bedienende Peripheriegerät angesprochen wird. Hierfür wird allgemein das Befehlswort OPEN verwendet, dem immer einige Parameter folgen müssen. Wie dieser Befehl aufzubauen ist, und wie die Parameter zu wählen sind, ist sehr unterschiedlich. Meist müssen verschiedene Befehle für das Öffnen zum Schreiben und zum Lesen gegeben werden. Die Datenaus- oder -eingabe muß immer durch einen CLOSE-Befehl beendet werden, wenn das Programm normal weiterlaufen soll.

Die Kassettenbefehle für einige viel verwendete Computer sind in Abb. 40 (Seite 120) zu sehen.

Vorgang	Apple	Atari	CBM VC-20	Genie TRS 80	MZ 80	Sinclair	TI 99/4 TI-BASIC
Programm laden	LOAD	CLOAD	LOAD"N"	CLOAD	LOAD"N"	LOAD"N"	OLD CS1
Programm speichern	SAVE	CSAVE	SAVE"N"	CSAVE	SAVE"N"	SAVE"N"	SAVE CS1
Speicherung prüfen	VERIFY	/	VERIFY	CLOAD?	VERIFY"N"	/	/
Öffnen für Datenspeicherung	/	OPEN # 7, 4, 12, "N"	OPEN 1, 1, 0, "N"	/	WOPEN"N" ROPEN"N"	/	OPEN ....
Daten speichern	STORE *	PRINT # 7	PRINT #1	PRINT # -1,	PRINT/T	/	PRINT #,
Daten lesen	RECALL*	INPUT # 7	INPUT #1	INPUT # -1,	INPUT/T	/	INPUT #,
Trennzeichen	kein	CR	CR	CR, Komma	CR	/	CR, ; :
Öffnen zum Drucken	PRINT "PR # 1"	/	OPEN 1, 4 : CMD 4	/	/	/	OPEN # 255 ....
Programm drucken	LIST	LIST "P"	LIST	LLIST	LIST/P	LLIST	LIST # 255
Daten drucken	PRINT	LPRINT	PRINT	LPRINT	PRINT/P	LPRINT	PRINT 255
Schließen Druckkanal	PRINT "PR # 0"	/	CLOSE 1	/	/	/	CLOSE # 255
	Auf Cassetten können nur eindimensionale numerische Felder gespeichert werden (*= Feldname)	Die Operanden im OPEN-Befehl müssen nach Vorschrift gewählt werden	Die Operanden im OPEN-Befehl müssen je nach Gerät und Vorgang gewählt werden	Angabe von Namen und Recorder-Nummer wahlweise möglich	Namen dienen zum Suchen auf dem Band	Nur Programmspeicherung, Datenspeicherung nicht möglich	Den OPEN-Befehlen folgen weitere Parameter

7.5 Diskettenbefehle

Noch vielfältiger sind die Befehle und ihre Wirkungen für den Diskettenbetrieb bei den einzelnen BASIC-Versionen. Man kann nur ganz grob sagen, daß alle Disketten-Operationssysteme, die in BASIC verwendet werden, sequentielle Dateien zulassen, die auch wieder mit OPEN geöffnet werden. Sehr verschieden sind dann allerdings die Parameter, die diesen Befehlsworten folgen müssen. Meist wird in diesem Befehl dem Dateinamen eine logische Dateinummer zugewiesen, die dann bei weiteren Befehlen verwendet werden kann.

Im OPEN-Befehl muß auch meist festgelegt werden, ob die Datei geschrieben oder gelesen werden soll. Abweichungen gibt es bei den Schreib- und Lesebefehlen. Oft werden hierfür die Befehlsworte PRINT# und INPUT# verwendet. Bei anderen Computern muß die Ein- beziehungsweise Ausgabe durch die Befehlsworte READ beziehungsweise WRITE von der Tastatur beziehungsweise dem Bildschirm auf die Diskette umgeleitet werden, so daß die normalen PRINT- und INPUT-Befehle verwendet werden können.

Abweichungen bestehen bei den erlaubten Trennzeichen zwischen den Variablen, und auch das Ende einer Aufzeichnung wird verschieden markiert. Manchmal ist es notwendig, die Anzahl der gespeicherten Daten zu zählen, damit nicht versucht wird, über das Ende der Datei hinausgehend zu lesen, was einen Programmabbruch zur Folge hat.

In den folgenden Beispielen wird ein Verfahren für die Diskettenspeicherung, das unter anderem beim Genie, beim TRS 80 und bei den neueren Microsoft BASIC-Versionen verwendet wird, benutzt. In Abb. 41 sind die Befehle dieses Verfahrens den beim Apple DOS 3.3 und beim Commodore DOS 4.0 vorgeschriebenen Befehlen gegenübergestellt.

◁ **Abb. 40: Befehle für Kassettenbetrieb bei verschiedenen Computern**

a

```
10 REM Sequ.Datei Apple
98 '
99 REM  Speicherschleife
100 D$=""
110 PRINT D$;"OPEN TELEFON"
120 INPUT"Name,Telefon";N$,T$
130 PRINT D$;"WRITE TELEFON"
140 PRINT N$;CHR$(13);T$
150 IF N$ = "END" THEN 170
160 GOTO 120
170 PRINT D$;"CLOSE": END
198 '
199 REM  Leseschleife
200 D$=""
210 PRINT D$;"OPEN TELEFON"
220 PRINT D$;READ TELEFON"
230 INPUT N$,T$
240 IF N$ = "END" THEN 260
250 PRINT N$,T$
260 PRINT D$;"CLOSE"
```

Abb. 41: Verschiedene Befehlsfolgen für »sequentielle Dateien«

a. Apple DOS 3.3
Alle DOS-Befehle müssen durch Ausgabe eines Leerstrings (" " oder CHR$(4) vorbereitet werden. Nach WRITE beziehungsweise READ wirken die PRINT- beziehungsweise INPUT-Befehle auf die Diskette. Am Ende der Schleife wird das Wort END mitgespeichert und beim Lesen als Endzeichen erkannt

b

```
10 REM Sequ.Datei cbm BASIC 4
98 '
99 REM  Speicherschleife
100 DOPEN#1,"TELEFON",W
110 INPUT"Name,Telefon";N$,T$
120 PRINT#1,N$,T$
130 IF N$ = "END" THEN 150
140 GOTO 110
150 CLOSE: END
198 '
199 REM  Leseschleife
200 DOPEN#1,"TELEFON",R
210 INPUT#1,N$,T$
220 PRINT N$,T$
230 IF D$ <> 0 THEN 210
240 CLOSE: END
```

b. Commodore BASIC 4.0
Ein W am Ende des Öffnungsbefehls öffnet die Datei zum Schreiben und ein R zum Lesen. Das Wort END dient nur zum Abbruch der Speicherschleife und wird nicht selbst gespeichert. Der Abbruch der Leseschleife erfolgt, wenn in der Kontrollvariablen DS eine 0 steht

```
C     10 REM Sequ.Datei  Genie,TRS 80
      98 '
      99 REM  Speicherschleife
      100 OPEN"O",#1,"TELEFON:1"
      110 INPUT"Name,Telefon";N$,T$
      120 PRINT#1,N$;",";T$
      130 IF N$ = "END" THEN 150
      140 GOTO 110
      150 CLOSE: END
      198 '
      199 REM  Leseschleife
      200 OPEN"I",#1,"TELEFON"
      210 INPUT#1,N$,T$
      220 PRINT N$,T$
      230 IF EOF(1) = 0 THEN 210
      240 CLOSE: END
```

c. Genie, TRS 80 und andere
Im Öffnungsbefehl steht ein »O« für OUT = Speichern; und ein »I« für In = Lesen. Die 1 nach dem Dateinamen bestimmt das Laufwerk bei der Speicherung. Das Wort END wird nicht mitgespeichert, der Schleifenabbruch beim Lesen erfolgt, wenn die Funktion EOF(1) den Wert −1 annimmt

8. Beispielprogramme mit Datenspeicherung

Für alle etwas anspruchsvolleren Aufgaben auf dem Gebiet der Datenverarbeitung ist eine externe Speicherung der Daten unerläßlich. Hierbei gibt es aber noch zwei grundsätzlich unterschiedliche Verfahren.

Bei der Groß-EDV und auch bei allen Programmen, die größere Datenmengen verwalten, ist es notwendig, daß immer wieder während des Programmlaufs auf extern gespeicherte Daten zurückgegriffen wird. Derartige Programme lassen sich nur mit einem Speichermedium, das einen schnellen Zugriff erlaubt, verwirklichen. Tonbandkassetten arbeiten hierfür viel zu langsam. Spezielle Datenkassetten können bedingt geeignet sein, aber eigentlich sind größere Datenmengen nur mit Disketten- oder Festplattenstationen zu bewältigen.

In den ersten Beispielen dieses Kapitels werden Programme vorgestellt, bei denen alle Daten zu Beginn des Programmlaufs vom externen Speicher in den Arbeitsspeicher geladen werden. Dort können sie geändert und ergänzt werden, und vor der Beendigung des Programms werden dann die neuen Daten wieder gespeichert und stehen für einen neuen Programmlauf zur Verfügung.

Wenn man die verhältnismäßig langen Zeiten am Anfang und Ende des Programmlaufs für das Laden und Speichern in Kauf nimmt, laufen diese Programme auch mit Kassettenspeicherung. Bei der Entwicklung dieser Beispielprogramme wurde von vornherein darauf geachtet, daß nicht zu große Datenmengen zu speichern sind.

Die letzten beiden Beispiele dieses Kapitels erfordern Diskettenspeicherung, weil hier Zugriffe auf die Daten mitten im Programm erforderlich sind, was bei Speicherung auf Tonband wegen der umständlichen Handhabung kaum zumutbar ist.

Beispiel 13: Tabelle zum Vergleich von Umsatzzahlen

Lernziele

Programmierung der Kassettenspeicherung
Kopieren eines Feldes
Menü mit Kennbuchstaben
Erleichterung der Eingabe mehrerer Werte

In jedem kaufmännischen Betrieb ist es notwendig, die Umsätze zu überwachen. Meist werden die Monatsumsätze mit den Umsätzen des Vorjahrs verglichen. Für ein kleines, hierfür geeignetes Programm lautet die Aufgabe wie folgt:

Es soll ein Programm geschrieben werden, das eine Tabelle mit den Monatsumsätzen des Vorjahrs und des laufenden Jahres zusammen mit den Differenzen und der saldierten Differenz wahlweise ausgibt oder abdruckt. Die Vorjahresumsätze und die bis dato eingegebenen Umsätze des laufenden Jahres sollen gespeichert und wieder gelesen werden können.

Bei dieser Aufgabe wird zweckmäßigerweise wieder mit einem Menü gearbeitet. Es ist darum ratsam, mit der Aufstellung der einzelnen Programm-Module zu beginnen.

1. Laden der alten Daten
2. Eingabe neuer Monatsumsätze
3. Anzeigen der Tabelle
4. Drucken der Tabelle
5. Speichern der Tabelle

Wenn man die Programmaufgabe noch etwas weiter analysiert, wird erkennbar, daß auch die Vorjahresdaten irgendwie eingegeben und gespeichert werden müssen. Man könnte noch ein weiteres Modul hierfür vorsehen mit der Aufgabe: »Eingabe der Umsätze des Vorjahres«, aber das wäre keine elegante und computergerechte Lösung.

Da die Umsatzzahlen für das erste Jahr nach der Eingabe gespeichert zur Verfügung stehen, ist es viel bequemer, dafür zu sorgen, daß der Computer diese in den Speicher für die Vorjahreszahlen kopiert. Es wird also noch ein weiteres Modul gebraucht, das man

6. Kopieren im Vorjahr nennen kann.

Die Ausgabe soll in 4 Kolonnen erfolgen. Dementsprechend werden 4 Felder dimensioniert.

M$(13)	für die Monatsnamen und Total
V(13)	für die Vorjahresumsätze
U(13)	für die Umsätze des laufenden Jahres
D(13)	für die gerechneten Differenzen.

Alle Felder werden mit 13 Elementen dimensioniert für 12 Monate und für das Total beziehungsweise den Saldo. Wenn die Rechenformel für die Differenzen so geschrieben wird, daß die Saldierung nur für die im Jahr schon eingegebenen Monate erfolgt, steht dort die geforderte saldierte Differenz.

Zu dem in Abb. 42 gezeigten Programm sollen noch die folgenden Erklärungen gegeben werden:

170–230 Für die Eingabe der gewünschten Programmaufgabe durch den Benutzer wird hier das schon im Abschnitt 2.4 besprochene und in Abb. 11 gezeigte Verfahren für die Eingabe von Kennbuchstaben verwendet.

300–340 Gespeichert werden in einer Schleife nur die Felder der Umsätze. Die Differenzen werden jeweils im Anzeige- beziehungsweise Abdruckprogramm berechnet.

Das Speichern und Einlesen von numerischen Daten auf Kassetten ist bei (fast) allen Computern möglich. Die Befehle in der Leseschleife können aber auch etwas anders lauten. Manchmal gibt der Computer die Anweisungen für den Benutzer selbsttätig aus.

An dieser Stelle können auch die entsprechenden Befehle für das Laden einer sequentiellen Datei von einer Diskette stehen.

400–480 Wenn die Umsätze mehrerer Monate hintereinander eingegeben werden sollen, wäre es unzweckmäßig, nach jeder einzelnen Eingabe zum Menü zurückzuspringen. Wenn nach der ersten Betätigung der RETURN-Taste zur Übernahme der mit INPUT in Zeile 450 angeforderten Umsatzzahl noch einmal die RETURN-Taste gedrückt wird, erfolgt eine Incrementierung der Monatszahl und ein Rücksprung zum Prüfbefehl in 440, der den Rücksprung bewirkt, wenn die Monatszahl größer als 12 ist. Ebenso erfolgt der Rücksprung, wenn die Taste M betätigt wurde.

```
10 REM Umsatzvergleich (Kassette) UMSVERGK 1589 Byte
20 CLEAR 200: DIM V(13),U(13),D(13),M$(13)
30 FOR K = 1 TO 13: READ M$(K): NEXT
80 DATA JAN,FEB,MAE,APR,MAI,JUN,JUL,AUG.
SEP,OKT,NOV,DEZ,TOT
100 CLS: PRINT"Aufgabenwahl"
110 PRINT"L = Laden der Daten
120 PRINT"E = Eingabe neuer Daten
130 PRINT"A = Anzeigen der Tabelle
140 PRINT"D = Drucken der Tabelle
150 PRINT"S = Speichern der Tabelle
160 PRINT"K = Kopieren in Vorjahr
170 INPUT"Kennbuchstaben eingeben";X$
200 Y$="LEADSK" : FOR K=1 TO 6
210 IF MID$(Y$,K,1)= X$ THEN 230
220 NEXT: GOTO 100
230 ON K GOTO 300,400,500,600,700,800
300 PRINT"Recorder zum Laden vorbereiten
310 INPUT"Wenn fertig <RETURN>; X$
320 FOR K = 1 TO 13
330 INPUT #-1,V(K),U(K): NEXT: GOTO 100
400 CLS: PRINT"Eingabe der Monatsumsätze": PRINT
410 PRINT"Zum Menü  <M> eingeben
420 PRINT"Nächster Monat  <Beliebige Taste>
430 INPUT"Eingabe für Monat <Zahl>";M
440 IF M>12 THEN 100
450 PRINT"Monatsumsatz ";M$(M);: INPUT U(M)
460 A$=INKEY$: IF A$ ="" THEN 460
470 IF A$ = "M" THEN 100
480 M=M+1: GOTO 440
500 CLS: PRINT"Monatsvergleiche": PRINT
520 PRINT,"Vorjahr","Lfd.Jahr","Differenz"
530 FOR K = 1 TO 12
540 D(K)=U(K)-V(K): IF U(K)=0 THEN D(K)=0
550 PRINT M$(K),V(K),U(K),D(K): NEXT: GOSUB 1000
560 PRINT STRING$(50,95)
570 PRINT M$(13),V(13),U(13),D(13)
580 INPUT"Weiter ";X$: GOTO 100
600 LPRINT"Monatsvergleiche
620 LPRINT,"Vorjahr","Lfd.Jahr","Differenz"
630 FOR K = 1 TO 12
640 D(K)=U(K)-V(K): IF U(K)=0 THEN D(K)=0
650 LPRINT M$(K),V(K),U(K),D(K): NEXT: GOSUB 1000
670 LPRINT STRING$(50,95): GOSUB 1000
680 LPRINT M$(13),V(13),U(13),D(13): END
700 PRINT"Recorder zum Speichern vorbereiten
710 INPUT"Wenn fertig <RETURN>; X$
720 FOR K = 1 TO 13
730 PRINT #-1,V(K),U(K): END
800 FOR K = 1 TO 13
810 V(K)=U(K): U(K)=0: NEXT: GOTO 100
1000 FOR K = 1 TO 12
1010 V(13) = V(13)+V(K)
1020 U(13) = U(13)+U(K)
1030 D(13) = D(13)+D(K): NEXT :RETURN
```

Abb. 42: Programm-Tabelle zum Vergleichen von Umsatzzahlen

500–580 Im Ausgabeprogramm wird nach der Ausgabe der Überschriften für jeden Monat die Differenz berechnet und dann der Monatsname und die drei Werte aus den Feldern ausgegeben. Damit bei den Monaten, für die noch kein Umsatz für das laufende Jahr eingegeben wurde, keine negative Differenz stehenbleibt, wird dort der Differenzwert auf Null gesetzt.

Die Saldierung erfolgt im Unterprogramm ab 1000 vor der Ausgabe der Summen beziehungsweise Salden.

600–690 Das Programm für den Abdruck der Tabelle entspricht im wesentlichen dem Ausgabeprogramm.

700–740 Das Programm für das Speichern der Daten ist ähnlich wie das Leseprogramm aufgebaut.

800–820 In diesem Modul wird der Inhalt des Feldes mit den Umsätzen des laufenden Jahres in das Feld mit den Umsätzen des Vorjahres kopiert und ersteres gelöscht.

```
Monatsvergleiche

                Vorjahr         Lfd.Jahr        Differenz
 JAN             456             463             7
 FEB             543             512            -31
 MAE             557             654             97
 APR             623             675             52
 MAI             478             689             211
 JUN             486             590             104
 JUL             489             613             124
 AUG             512             734             222
 SEP             678             0               0
 OKT             713             0               0
 NOV             854             0               0
 DEZ             824             0               0
-----------------------------------------------------------
 TOT             28852           14790           2358
```

Abb. 43: Lauf des Programms »Umsatzvergleich«

Der Lauf dieses Programms ist in Abb. 43 zu sehen. Es ist in vielfältiger Weise ausbaufähig. Werden weitere Felder verwendet, können auch noch zurückliegende Jahre erfaßt werden. Ebenso können statt der Monatsumsätze auch Produktumsätze verglichen werden.

Das Programm ist bewußt kompakt geschrieben, ohne daß dabei

die gute Lesbarkeit aufgegeben wurde. Auf Befehle zur Formatierung der Ausgaben wurde verzichtet, da diese schon erklärt wurden.

Beispiel 14: Übersicht für Jahrestermine

Lernziele

Positionierung der Druckerausgabe
Sequentielle Datei mit Diskettenspeicherung
Arbeit mit einer teilbesetzten Matrix
Wechselnder Druck in Eng- und Normalschrift

Jeder Geschäftsmann muß in der Zukunft liegende Termine im Auge behalten. Er muß wissen, wann für ihn wichtige Messen stattfinden, wann turnusmäßige Besprechungen angesetzt sind, und nicht zuletzt ist auch der Urlaub rechtzeitig einzuplanen.

Das folgende Programm druckt eine handliche Jahresübersicht, in der ganz individuell Einzeltermine oder Terminbereiche markiert werden können. Es ist auch für rein private Zwecke, zum Beispiel als Urlaubs- oder Geburtstagskalender, gut zu nutzen. Die dem Programm zugrundeliegende Aufgabe lautet:

Es soll ein Programm geschrieben werden, das im Brieftaschenformat einen Jahreskalender druckt, in dem der Benutzer einzelne Termine, bestimmte Wochentage oder Terminbereiche beliebig markieren kann.

Bei dieser Aufgabe sollte als erstes das Ausgabeformat festgelegt werden. Am übersichtlichsten wird die Tabelle, wenn die Tage eines Monats jeweils in einer Zeile stehen. Es können dann in einer Übersichtszeile die Tagesdaten gedruckt werden.

Da laut Programmaufgabe eine Tabelle im Brieftaschenformat gedruckt werden soll, stehen als Zeilenlänge nur ca. 15 cm zur Verfügung. Dies bedeutet, daß mit Platz gespart werden muß. Werden pro Tag 3 Zeichenpositionen vorgesehen, ergeben sich bei 31 Tagen 93 Zeichen pro Zeile, wozu noch die Monatsnamen kommen. Dies ist bei Normalschrift schon mehr, als in einer Zeile untergebracht werden kann.

Da alle neueren Drucker auch den Abdruck in Engschrift erlauben, wird diese gewählt. Die Druckbefehle müssen aber so geschrieben werden, daß die Spalten gut untereinander stehen. Da das Datum ein- oder zweistellig sein kann, muß bei den zweistelligen Datumzahlen 1 Zwischenraum und sonst 2 Zwischenräume stehen. Für die Monatsnamen wird nur der Anfangsbuchstabe verwendet.

Der Aufbau des Programms macht keine Schwierigkeiten. Es werden die folgenden Programm-Module benötigt, die aus einem Menü abgerufen werden.

1. Einlesen der Matrix von der Diskette (oder Kassette)
2. Einen Wochentag in allen Wochen markieren
3. Beliebige einzelne Tage markieren
4. Bereiche von mehreren Tagen markieren
5. Tabelle abdrucken
6. Matrix auf Diskette (oder Kassette) speichern.

Zweckmäßig ist es, noch einen kleinen Programmteil zu schreiben, in dem die Matrix beim ersten Lauf des Programms mit einem beliebigen Zeichen gefüllt wird. Tut man dies nicht, kann es bei einigen BASIC-Versionen Schwierigkeiten geben, da unbesetzte Variable nicht akzeptiert werden. Dieser Programmteil wird aber nicht über das Menü angesprungen, sondern diesem vorgeschaltet.

Nun gibt es bei unserem Kalender das Problem der unterschiedlichen Monatslängen. Am einfachsten ist es, die Monatslängen zusammen mit den auch gebrauchten Monatsnamen im Programm in DATA-Zeilen zu speichern und in 2 Felder einzulesen. Mit einer einfachen Rechnung kann man dann die Februarzahl von 28 in 29 ändern, wenn ein Schaltjahr vorliegt. Die Eingabe des Jahres ist für die Überschrift sowieso notwendig.

Im einzelnen werden zu dem in Abb. 44 gezeigten Programm noch folgende Erklärungen gegeben:

40 u. 90 Die Anfangsbuchstaben der Monatsnamen werden in das Feld M$(x) und die Tagesanzahl der Monate in das Feld L(x) eingelesen.

50–80 Bei dem verwendeten Drucker schaltet CHR$(18) den Engdruck aus und CHR$(15) den Engdruck ein. Im Gegensatz zu den Kommandos für Breitschrift und verstärkten Druck, die nach einem Zeilenende ungültig werden, bleibt das Engdruck-Kommando so lange gültig, bis es aufgehoben wird.

```
10 REM Jahrestermine (Diskette)   JAHRTERD
20 CLEAR 2000: DIM N$(12),L(12),M$(12,31)
40 FOR K = 1 TO 12: READ N$(K),L(K): NEXT
50 LPRINT CHR$(18)
60 INPUT"Jahreszahl eingeben";JA: CLS
70 LPRINT TAB(20);"Termine im Jahr ";JA
80 LPRINT CHR$(15)
90 DATA J,31,F,28,M,31,A,30,M,31,J,30,J,31,A,31,S,30,
O,31,N,30,D,31
100 IF INT(JA/4) = JA/4 THEN L(2)=29
120 INPUT"Neuanlegen der Matrix <J/N)";X$
130 IF X$ = "J" THEN 150 ELSE 200
150 FOR J = 1 TO 12
160 FOR K = 1 TO L(J)
170 M$(J,K) ="."
180 NEXT K,J
200 CLS: PRINT"Jahrestermine
210 PRINT"1. Einlesen der Matrix
220 PRINT"2. Wochentage markieren
230 PRINT"3. Beliebige Tage markieren
240 PRINT"4. Bereiche markieren
250 PRINT"5. Abdrucken
260 PRINT"6. Abspeichern
270 INPUT"Was soll eingetragen werden";X
280 ON X GOTO 300,400,500,600,800,920: GOTO 200
300 OPEN"I",#1,"TERMIN/DAT:1"
320 FOR J = 1 TO 12
330 FOR K = 1 TO 31
340 INPUT#1,M$(J,K)
350 NEXT K,J: CLOSE: GOTO 200
400 INPUT"Welcher Markierungsbuchstabe";B$
410 INPUT"1.zu markierender TAG";T
430 FOR J = 1 TO 12
450 M$(J,T)=B$: T=T+7
470 IF T <= L(J) THEN GOTO 450
480 T = T - L(J) : NEXT J
490 GOTO 200
500 INPUT"Welchen Tag markieren (Monat,Tag>";J,K
510`INPUT"Welche Buchstaben (max.2)";B$
520 M$(J,K) = B$
530 GOTO 200
600 INPUT"Erster Tag <Monat,Tag>";A,B
610 INPUT"Letzter Tag <Monat,Jahr>";C,D
620 INPUT"Markierungszeichen ";Z$
630 M$(A,B)=Z$: B=B+1
650 IF C=A AND B>D THEN 690
660 IF B<= L(A) THEN 630
670 A=A+1: B=1
680 IF A<=C THEN 630
690 GOTO 200
```

```
800 LPRINT"     ";
810 FOR J = 1 TO 9
820 LPRINT J;: NEXT
830 FOR J = 10 TO 31
840 J$=STR$(J)
850 LPRINT J$;: NEXT: LPRINT
860 FOR J = 1 TO 12
870 LPRINT N$(J);"     ";
880 FOR K = 1 TO L(J)
900 LPRINT M$(J,K);"  ";
910 NEXT K: LPRINT: NEXT J: GOTO 200
920 OPEN"O",#1,"TERMIN/DAT:1"
940 FOR J = 1 TO 12
950 FOR K = 1 TO 31
960 PRINT#1,M$(J,K)
970 NEXT K,J: CLOSE
```

Abb. 44: Programm »Übersicht für Jahrestermine«

120–180 Nur wenn J eingegeben wurde, wird die Matrix M$(m,t) in zwei verschachtelten Schleifen mit Punkten gefüllt. Der in 130 stehende ELSE-Befehl ist nicht in allen BASIC-Versionen zulässig.

300–350 Die Befehle für das Einlesen der als sequentielle Datei mit dem Namen »TERMIN/DAT:1« gespeicherten Daten von einer Diskette entsprechen den Vorschriften im TRSDOS, G-DOS, NEWDOS und anderen Betriebssystemen. Sie müssen gegebenenfalls an das im verwendeten Computer benutzte System angepaßt werden.

In diesem Programm kann aber auch mit Kassettenspeicherung gearbeitet werden. Es sind dann die Befehle in den Modulen ab 300 und ab 920 zu ändern.

400–480 Im Modul für die Markierung von Wochentagen wird die Hilfsvariable T für den Monatstag verwendet. Die innere Schleife arbeitet nicht mit den FOR . . NEXT-Befehlen, sondern mit einer Abbruchbedingung, die zum Tragen kommt, wenn der Wert von T größer ist, als Tage im Monat möglich sind.

500–530 Für die Markierung eines einzelnen Tages ist nur die Zuweisung in ein Matrixelement notwendig.

600–680 Für die Markierung eines Bereichs werden zwei verschachtelte Schleifen mit definierten Abbruchbedingungen verwendet. FOR . . NEXT-Schleifen wären hier ungünstig. In der inneren Schleife erfolgt jeweils eine Incrementierung der Tageszahl B, bis die Endzahl im laufenden Monat erreicht ist (650). Geht der Bereich über einen Monat hinaus, wird die Monatszahl A incrementiert, die Tageszahl auf 1 gesetzt und zum Anfang der äußeren Schleife zurückgesprungen (670,680).

800–880 Für den Abdruck der Datumzahlen in der Kopfzeile laufen zwei FOR . . NEXT-Schleifen nacheinander. Da bei dem verwendeten Computer jede positive Zahl mit je einer Leerstelle vorher und nachher ausgegeben wird, ergeben sich für einstellige Ziffern 3 Druckspalten, was auch gewünscht wurde, für zweistellige Zahlen aber vier Spalten, was unerwünscht ist.

Die zweistelligen Zahlen werden darum vor der Ausgabe in Zeichenketten gewandelt. Sie haben dann einschließlich der mit übernommenen vorderen Leerstelle auch 3 Stellen. Da Zeichenketten ohne zwischengesetzte Leerstellen dicht an dicht ausgegeben werden, nehmen nun die zweistelligen Zahlen genausoviel Zeilenpositionen ein wie die einstelligen.

Als Beispiel ist eine gedruckte Termintabelle in Abb. 45 zu sehen, in die alle Sonntage, einige Geburtstage und ein Ferientermin eingetragen sind.

Termine im Jahr 1985

	1	2	3	4	5	6	7	8	9	10	11	12	13	14	15	16	17	18	19	20	21	22	23	24	25	26	27	28	29	30	31
J	.	.	.	.	.	S	.	.	.	.	.	.	S	.	.	.	.	.	.	S	.	.	.	.	.	.	S	.	.	.	.
F	.	.	S	.	.	.	.	.	.	S	.	.	.	.	.	.	S	.	.	.	.	.	.	S	.	.	.	.			
M	.	.	S	.	.	.	.	.	.	S	.	.	.	.	.	.	S	.	.	.	.	.	.	S	.	.	.	.	.	.	S
A	.	.	.	.	.	.	S	.	.	.	.	.	.	S	.	.	.	.	.	.	S	.	.	.	.	.	M	M	M	M	
M	M	M	M	M	M	M	.	.	.	.	.	S	.	.	.	.	.	.	S	.	.	.	.	.	.	S	.	.	.	.	.
J	.	S	.	.	.	.	.	.	S	.	Gu	.	.	.	.	S	.	.	.	.	Ha	.	S	.	.	.	.	.	.	S	
J	.	F	F	F	F	F	F	F	F	F	F	F	F	F	F	F	F	F	F	F	F	F	F	F	F	F	F	F	F	F	F
A	F	F	F	F	F	F	F	F	.	.	S	.	.	.	.	.	.	S	.	.	.	.	.	.	S	.	.	.	.	.	.
S	S	.	.	.	.	.	.	S	.	.	.	.	.	.	S	.	.	.	.	.	.	S	.	.	.	.	.	M	M	M	
O	M	M	M	M	M	M	M	M	M	M	M	M	S	.	.	.	.	.	.	Ek	.	.	.	.	.	.	S	.	.	.	.
N	.	.	S	.	.	.	.	.	.	S	.	.	.	.	.	.	S	.	.	.	.	.	.	S	.	.	.	.	.	.	
D	S	.	.	.	.	.	.	S	.	.	.	.	.	.	S	.	.	.	.	.	.	S	.	.	.	.	.	.	S	.	.

Abb. 45: Lauf des Programms »Übersicht für Jahrestermine«

Beispiel 15: Briefschreiben

Lernziele

Sequentieller Programmaufbau
Textspeichern in Feldvariablen
Längenüberwachung von Zeichenketten
Mehrfachverzweigungen mit IF . . THEN

Kommerzielle Textverarbeitungsprogramme sind meist in Maschinensprache geschrieben und sehr umfangreich. Sie bieten eine Fülle von Möglichkeiten, die kaum ein Anwender voll ausnutzt. Wenn es nur darum geht, normale Briefe und kürzere Texte mit Kopien zu schreiben, kann man das Programm dafür auch gut in BASIC erstellen.

Das folgende Programm zeigt eine Möglichkeit, wie so etwas programmiert werden kann. Es zeichnet sich durch Kürze und Bedienerfreundlichkeit aus. Damit es auch an andere Computer leicht angepaßt werden kann, wurde auf POKE-Befehle ausdrücklich verzichtet. Dem Programm liegt die folgende Aufgabe zugrunde:

Es soll ein Programm geschrieben werden, das dem Anwender das Schreiben von Briefen mit Briefkopf und Anrede oder von einfachen Texten ermöglicht. Wahlweise sollen auch Kopien gedruckt und Schemabriefe abgespeichert und wieder geladen werden können.

Bei allen Textverarbeitungsprogrammen liegt die Problematik darin, dem Benutzer einfache Korrekturmöglichkeiten zu bieten. Eine Korrektur auf dem ganzen Bildschirm mit Hilfe des Cursors ist meist nur über Routinen in Maschinensprache zu programmieren, wenn das Programm auch bei schneller Eingabe laufen soll. Um das Programm einfach zu halten, wird hier nur eine Korrektur in der laufenden Zeile angeboten.

Bei kommerziellen Programmen wird meist der ganze Text erst auf dem Bildschirm zusammengestellt und dann als Ganzes gedruckt. Diese Arbeitsweise ist aber sinnvoll nur mit Diskettenspeicherung zu verwirklichen. Da dies Programm mit Kassettenspeicherung oder auch ganz ohne Speicherung laufen soll, wird hier jeder eingegebene und als richtig befundene Text gleich gedruckt.

Auch bei dieser Aufgabe muß überlegt werden, welche Programm-Module benötigt werden.

1. Briefkopf drucken
2. Adresse eingeben
3. Adresse drucken
4. Betreff eingeben und drucken
5. Anrede eingeben und drucken
6. Textblock eingeben und drucken
7. Text speichern
8. Text laden
9. Kopie drucken
10. Adresse auf dem Umschlag drucken.

Man könnte nun wieder mit einem Menü arbeiten, aber es wäre unbequem, wenn der Benutzer jeden Arbeitsschritt dort abrufen müßte. Da die einzelnen Module in einer bestimmten Folge ablaufen müssen, kann man das Programm auch in dieser Folge sequentiell aufbauen und einzelne Abfragebefehle immer dort zwischenschalten, wo Wahlmöglichkeiten gegeben sind.

In diesem Fall ist die vorherige Anfertigung eines Flußdiagramms zweckmäßig. Es muß im Laufe der Programmierarbeit meist noch geändert werden, kann aber doch als gute Grundlage dienen, um Spaghettiprogrammierung zu vermeiden. Die endgültige Ausführung des Schaubildes zeigt Abb. 46.

Eine Voruntersuchung ist bezüglich der Wirkung einiger Tasten notwendig, denn diese ist bei den einzelnen Computern unterschiedlich. Meist löst die RETURN-Taste, die den ASCII-Wert dez. 13 = CR erzeugt, bei Ausgabe an den Drucker keinen Zeilenvorschub dort aus, sondern veranlaßt den Abdruck des dem Befehl folgenden Ausdrucks. Es gibt aber noch das ASCII-Steuerkommando LF (meist ASCII-Wert dez. 10), das nur einen Zeilenvorschub auf dem Bildschirm und dem Drucker bewirkt. Es muß darum untersucht werden, mit welcher Taste oder Tastenkombination dieses Kommando an den Drucker gegeben werden kann.

Um das Programm kurz zu halten, wurde auf eine ausführliche Bedienungsanweisung für den Benutzer im Programm selbst verzichtet. Es muß darum hier erklärt werden, wie das Programm arbeitet.

K, J, Z	Zähl und Hilfsvariable
L	Stringlänge
Q$	Antwortpuffer
X$	Antwortpuffer
AD$	Adresse
AN$	Anrede
BE$	Betreff
DS$	Zwischenpuffer
DA$	Datum
E$	Zeichenpuffer
FS, FAS, H$	Verschiedene Anreden
NS, NA$	Name
NT$	Merker für "Nur Text"
O$	Ort
S$	Straße
T$	Telefon
TN$	Textname

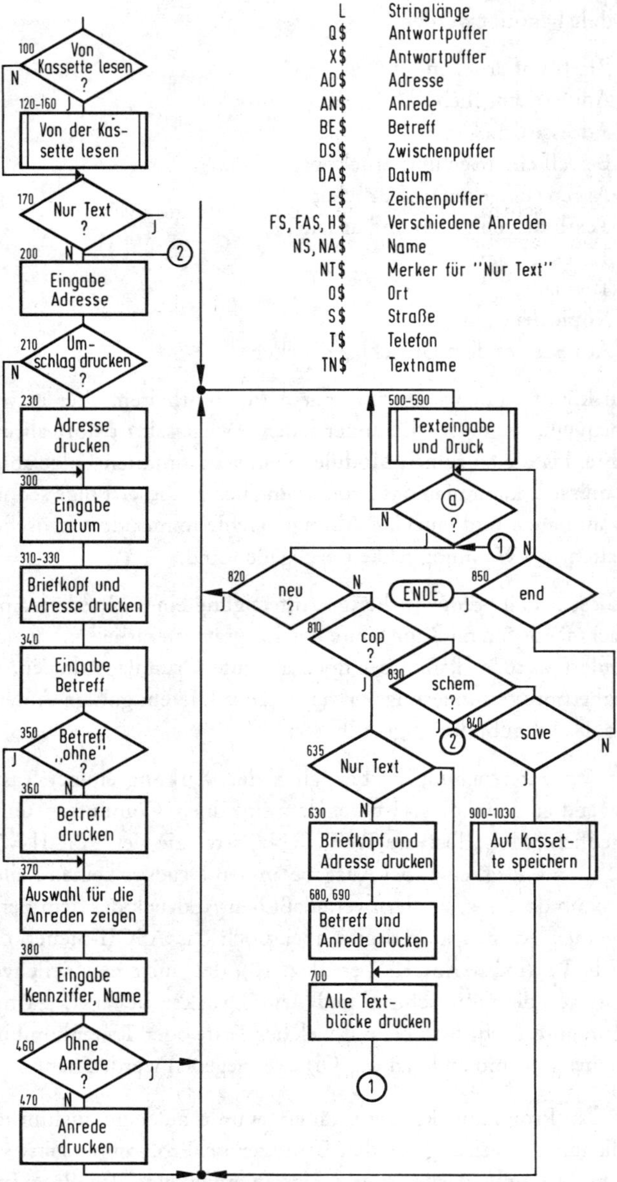

Abb. 46: Flußdiagramm zum Programm »Briefschreiben«

Auf der Kassette wird nur der reine Text ohne Briefkopf und Anschrift gespeichert, der für Schemabriefe wieder verwendet werden kann.

Für den Druck eines Textes ohne Briefkopf und Anschrift, zum Beispiel die zweite und folgende Briefseite, kann der Briefkopf und Anschriftdruck übersprungen werden.

Die Anschrift wird als eine Zeichenkette gespeichert. Für den Zeilentransport innerhalb der Anschrift muß die Taste oder die Tastenkombination benutzt werden, die das ASCII-Zeichen LF (hier dez. 10) erzeugt. RETURN beendet die Eingabe und löst den Druck aus.

Wahlweise kann die Adresse vor dem Druck des Briefbogens auf den Umschlag geschrieben werden.

Der Druck des Briefbogens beginnt nach der Datumeingabe mit dem im Programm gespeicherten Briefkopf.

Für den Druck der Anrede wird eine Auswahl dargeboten, die durch Eingabe des Namens zu ergänzen ist.

Der Abdruck des Betreffs kann durch Eingabe des Wortes »ohne« unterbunden werden.

In jedem Textabsatz können bei dem verwendeten Computer bis zu 240 Zeichen in 4 oder mehr Zeilen gedruckt werden. Der Zeilentransport erfolgt durch Ausgabe von LF, der Abdruck durch CR. Die Löschtaste (Backspace ASCII Wert dez.8) ist wirksam für die laufende Zeile, aber nicht nach einem Zeilenvorschub. Die Texteingabe kann durch Betätigung der Taste mit dem Zeichen @ abgebrochen werden.

Nach dem Abbruch wird eine Auswahlzeile gezeigt. Hier bedeutet

-neu	Neueingabe des Absatzes
-cop	Kopie des ganzen Briefes
-schem	Kopie mit neueinzusetzender Adresse
-save	Abspeichern des Textes ohne Adresse
-ende	Beenden des Programms

Die in einem Absatz eingegebenen Zeichen werden gezählt, um dem Programmabbruch wegen einer zu langen Zeichenkette zu vermeiden. Nach 240 Zeichen wird dem Benutzer die Wahl gegeben, trotzdem zu drucken oder den Absatz neu einzugeben.

Das so geschriebene Programm ist in Abb. 47 zu sehen. Hierzu noch folgende Erklärungen:

100–160 Das Lademodul wird nur durchlaufen, wenn der Benutzer dies ausdrücklich wünscht (110). Die einzelnen in den Elementen des String-Feldes A$(x) gespeicherten Datensätze werden in einer Schleife gelesen. Da unterschiedlich viele Datensätze gespeichert sein können, werden diese in der Variablen Z gezählt, die zusammen mit dem Namen der Datei in TN$ vor der Schleife gelesen beziehungsweise gespeichert wird.

180 u. 220 Bei beiden Abfragen wird nur die Ja-Aussage ausgewertet. Die Entscheidungsbefehle sind in ihrer Wirkung aber verschieden. Bei der Oder-Verknüpfung genügt es, wenn eine Bedingung wahr ist, also j oder J eingegeben wird, um den Sprung zu veranlassen. Bei der Und-Verknüpfung bedeutet die Eingabe von j oder J, daß eine Bedingung und damit der Gesamtausdruck als falsch erkannt wird und kein Sprung stattfindet. Bei jeder anderen Eingabe, also bei n oder N, sind beide Teile und damit der Gesamtausdruck wahr, und der Sprung findet statt.

420–460 und **730–770** Da hier die für den Wahr-Zweig nach der Entscheidung zu durchlaufenden Befehle noch in der gleichen Zeile unterzubringen sind, ist die Verwendung von IF . . THEN auch für Mehrfachverzweigungen sinnvoll.

500–590 In der Eingabeschleife wird jedes Zeichen auf dem Bildschirm gezeigt, und die Zeichenkette für den Druck zusammengestellt. Die Eingabe mit dem ASCII-Wert 13 veranlaßt den Abdruck. Die Eingabe von 8 bewirkt die Löschung einer Fehleingabe, und mit @ wird ein Sprung zur Abfragezeile für Sondermaßnahmen veranlaßt.

600–720 Vor dem Druck einer Kopie kann der anfangs auf verstärkten Druck programmierte Drucker wieder auf Normaldruck gestellt werden.

960 Diese Zeile soll dem Benutzer nur zeigen, daß die Speicherung ordnungsgemäß verlaufen ist.

```
10 REM Briefschreiben   BRIEFK 2292 Byte
20 CLEAR 12000 : DIM A$(100): DEFINT K,J,Z
30 LPRINT CHR$(27);CHR$(69): CLS
100 INPUT"Text von der Kassette einlesen";X$
110 IF X$="ja" OR X$="JA" THEN 120 ELSE 170
120 PRINT"Recorder auf PLAY, dann RETURN"
130 INPUT X$
140 INPUT#-1,Z,TN$: FOR K=1 TO Z
150 PRINT TN$,"Absatz";K
160 INPUT#-1,A$(K): NEXT
170 INPUT"Nur Text ohne Briefkopf <J/N>";NT$
180 IF NT$="j" OR NT$="J" THEN 500
200 INPUT "Adresse eingeben";AD$
210 INPUT"Briefumschlag drucken <J/N>";X$
220 IF X$ <> "j" AND X$ <> "J" THEN 240
230 LPRINT AD$
240 INPUT" Briefbogen eingespannt dann RETURN";X$
250 N$="Dr.Hans-Joachim Sacht"
260 B$=" Unternehmensberater"
270 O$="4100 Duisburg 29, den "
280 S$="Am Thelenbusch 125"
290 T$="Telefon: 0203-76 22 58
300 INPUT "Datum";DA$
310 LPRINT N$;TAB(37) O$;DA$: LPRINT B$;TAB(37) S$
320 LPRINT:LPRINT TAB(37)T$
330 LPRINT:LPRINT:LPRINT AD$:LPRINT:LPRINT
340 INPUT "Betreff <oder 'ohne'> eingeben";BE$";BE$
350 IF BE$ = "ohne" THEN 370
360 LPRINT "Betr. ";BE$:LPRINT:LPRINT
370 PRINT "1 = Herr, 2 = Frau, 3 = Beide,
4 = Damen und Herren,  5 = Ohne"
380 INPUT "Kennziffer , Name eingeben";K,NA$
390 H$="Sehr geehrter Herr "
400 F$="Sehr verehrte Frau "
410 FA$="Sehr geehrte Damen und Herren"
420 IF K=1 THEN AN$= H$+NA$ : GOTO 470
430 IF K=2 THEN AN$= F$+NA$ : GOTO 470
440 IF K=3 THEN AN$= F$+NA$+", "+H$+NA$: GOTO 470
450 IF K=4 THEN AN$= FA$ : GOTO 470
460 IF K=5 THEN 500: CLS: GOTO 370
470 LPRINT  AN$;",":LPRINT:LPRINT
480 IF Q$ ="schem" THEN  GOTO 700
500 PRINT"Text eingeben"
510 E$=INKEY$: IF E$="" THEN 510
520 IF ASC(E$)=13 THEN PRINT: GOTO 580
530 PRINT E$;: D$=D$+E$ : J=J+1
540 IF J>=240 THEN 1000
550 IF ASC(E$)=8 THEN D$=LEFT$(D$,LEN(D$)-2)
560 IF E$="§" THEN E$="" : GOTO 800
570 GOTO 510
580 Z=Z+1: A$(Z)=D$ : J=0
590 LPRINT D$: D$="": GOTO 510
600 INPUT "Kopie normal drucken <J/N>";X$
610 IF X$ <>"j" AND X$ <>"J" THEN 630
620 LPRINT CHR$(27);CHR$(70)
630 LPRINT N$;TAB(37) O$;DA$
635 IF NT$="J" OR NT$="J" THEN 700
640 LPRINT B$;TAB(37) S$
650 LPRINT:LPRINT TAB(37) T$
660 LPRINT:LPRINT AD$:LPRINT
670 IF BE$ = "ohne" THEN 690
```

```
680 LPRINT "Betr.  ";BE$:LPRINT:LPRINT
690 LPRINT AN$;",":LPRINT:LPRINT
700 FOR K = 1 TO Z
710 LPRINT A$(K): NEXT
800 PRINT:INPUT"neu - cop - schem - save - ende";Q$
810 IF Q$="cop" THEN  GOTO 600
820 IF Q$="neu" THEN PRINT"nochmal":D$="":J=0:GOTO 500
830 IF Q$="schem" THEN 200
840 IF Q$="save" THEN 900
850 IF Q$="ende" THEN END
860 GOTO 800
900 INPUT"Name für Textspeicherung";TN$
905 PRINT"Recorder auf RECORD, dann RETURN":INPUT X$
910 PRINT#-1,Z,TN$
920 FOR K = 1 TO Z
930 PRINT#-1,A$(K)
950 NEXT
960 PRINT"Der Index ist";K-1 : END
1000 PRINT:PRINT"Der letzte Absatz ist zu lang !"
1010 INPUT"Absatz drucken ? sonst Neueingabe <J/N>"X$
1020 IF X$="j" OR X$="J" THEN J=0: GOTO 580
1030 D$="" : J=0 : GOTO 500
```

Abb. 47: Programm »Briefschreiben«

Beispiel 16: Wertpapierüberwachung

Lernziele

Analyse einer Programmaufgabe
Bildschirmeinteilung für eine Tabelle
Verwendung verschiedener Felder
Speicherung verschiedener Felder in einer Datei

Wer Wertpapiere besitzt, wird es schätzen, wenn sein Computer ihm eine Übersicht über sein Depot verschafft, die ihm anstehende Entscheidungen erleichtert. Aber auch für Computerbesitzer, die keine Aktienbesitzer sind, kann es reizvoll sein, das Auf und Ab der Kurse zu verfolgen und so wenigstens theoretisch reich oder auch arm zu werden.

Es gibt sehr viele Möglichkeiten, ein Programm zur Überwachung eines Wertpapierdepots zu schreiben. Hier wird bewußt eine Lösung vorgestellt, die einiges Überlegen erfordert. Es sei aber darauf hingewiesen, daß dieses Programm nicht für eine Bildschirmdarstellung mit weniger als 64 Zeichen pro Zeile geeignet ist. Gegebenenfalls muß es dann auf Druckerausgabe umgestellt werden.

Es soll ein Programm geschrieben werden, das die Überwachung eines Wertpapierdepots mit bis zu 20 Papieren erleichtert und dem Besitzer Entscheidungshilfen bietet.

Die hier vorliegende Aufgabe ist sehr allgemein gehalten. Es muß zuerst analysiert werden, welche Lösungswege es gibt, und welcher davon beschritten werden soll.

Verhältnismäßig einfach zu schreiben wäre ein Programm, bei dem jeweils auf einer Bildschirmseite alle ein Papier betreffenden Daten in einer Maske gezeigt werden. Sie können dann in der Maske ergänzt und geändert werden. Ein derartiges Programm ist aber nicht sehr benutzerfreundlich, denn jedes Papier müßte einzeln angewählt werden, wodurch der Gesamtüberblick verlorengeht.

Viel übersichtlicher ist eine tabellarische Darstellung, aber hierbei gibt es das Problem der Bildschirmkapazität. Bei 25 Zeilen und 80 Zeichen pro Zeile ist diese ausreichend, bei 16 Zeilen und 64 Zeichen muß man aber schon genau überlegen, wie man den Bildschirm aufteilt, und das soll hier gezeigt werden.

Ausgegangen wird davon, daß pro Zeile die Daten eines Papiers gezeigt werden sollen. Hierzu gehören die Stammdaten

Name des Papiers,
Kaufdatum,
Kaufkurs und
Stückeanzahl.

Zusätzlich sollen noch so viele Kursnotierungen wie möglich und die Differenz des letzten Kurses zum Kaufkurs gezeigt werden.

Am besten zeichnet man zunächst einen Entwurf für die Darstellung auf Karopapier und legt dabei gleich die zu verwendenden Variablennamen fest. Dabei dürfen auch die Überschriften nicht vergessen werden, denn diese benötigen manchmal mehr Raum als die Eintragungen.

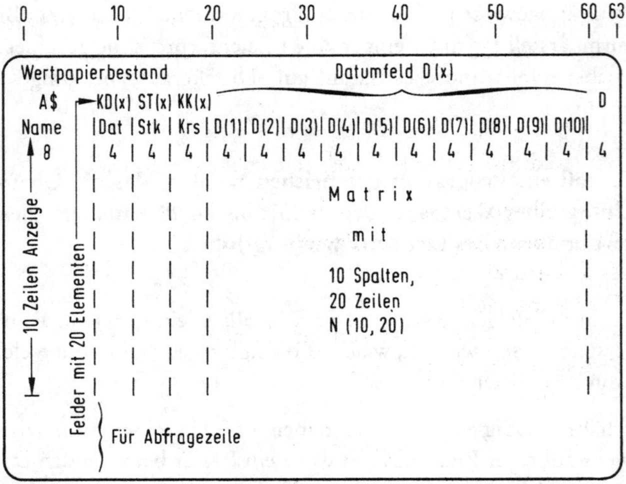

Abb. 48: Aufbau der Anzeige für »Wertpapierüberwachung«

Wie Abb. 48 zeigt, lassen sich in einer Zeile mit 64 Zeichen der 8-stellige Name, je 4stellig das Kaufdatum, die Stückzahl und der Kaufkurs und auch vierstellig 10 Kurse sowie die Kursdifferenz unterbringen. Für das Speichern der Kurse wird eine Matrix, für die anderen Daten werden eindimensionale Felder verwendet. Die Differenz wird nicht gespeichert, sondern jeweils berechnet.

Dies bedeutet also, daß die Kurse und die Datumangaben nur dreistellig oder bei Verzicht auf die Leerstelle höchstens vierstellig ausgegeben werden dürfen. Bei den Kursen ist dies akzeptabel, da die Nachkommastellen wenig Bedeutung haben. Beim Datum muß man das Jahr oder den Tag weglassen und kein Trennzeichen verwenden. Bei einem Bildschirm mit 80 Zeichen kann man etwas großzügiger sein.

Für die Speicherung der Datumangaben, an denen die Kurse eingegeben wurden und die als Spaltenüberschriften verwendet werden, wird ein weiteres Feld mit 10 Elementen verwendet.

Zu entscheiden war auch noch die Frage, ob die numerischen Daten als Zahlen oder Zeichenketten gespeichert werden sollen. Letzteres kann die formatierte Ausgabe erleichtern, erfordert aber

Umkodierung für die Differenzrechnung. Da im verwendeten BASIC der PRINT-USING-Befehl zur Verfügung steht, werden Zahlenfelder angewandt.

Für den Programmaufbau wird wieder die Menütechnik verwendet. Es sind die folgenden Module zu programmieren:

Datei einlesen.
Daten eines neu gekauften Papiers eingeben.
Neue Kurse eingeben.
Tabelle anzeigen.
Gewinn oder Verlust bei Verkauf rechnen.
Verkauftes Papier löschen.
Datei abspeichern.

Das Beispielprogramm ist in Abb. 49 zu sehen. Aus drucktechnischen Gründen werden nur 8 Spalten für die Kurseintragungen verwendet.

```
10 REM Wertpapierdepot  DEPOTD 2152 Byte
20 CLEAR 2000: U$="####"
30  DIM A$(20),KD(20),ST(20),KK(20),N(8,20)
40 INPUT"Monat und Jahr eingeben <MMJ>";DA
50 INPUT"Erstes Anlagen der Tabelle <J/N)";X$
60 IF X$="J" THEN 80 ELSE 100
80 FOR K = 1 TO 20: A$(K)=".......": NEXT K
100 CLS: PRINT"Aufgabenwahl": PRINT
110 PRINT"1. Datei lesen
120 PRINT"2. Neukauf
130 PRINT"3. Neue Kursnotizen
140 PRINT"4. Tabelle zeigen
150 PRINT"5. Verkauf
160 PRINT"6. Datei speichern
180 INPUT"Bitte wählen Sie";X
190 ON X GOTO  300,400,500,700,800,1000
200 GOTO 100
300 OPEN"I",#1,"DEPOT/DAT:1"
310 FOR J = 1 TO 8
320 FOR K = 1 TO 20
330 INPUT#1,N(J,K)
340 NEXT K
350 NEXT J
360 FOR K = 1 TO 20
370 INPUT#1,KD(K),ST(K),KK(K),A$(K)
380 NEXT K: FOR K = 1 TO 8: INPUT#1,D(K)
390 NEXT K: CLOSE: GOTO 100
400 FOR K = 1 TO 20
410 IF A$(K) = "......." THEN 430
420 NEXT: GOTO 100
430 CLS: INPUT"Name des Papiers <bis 8 Zeichen>";A$(K)
```

```
440 A$(K)=A$(K)+"          ": A$(K)=LEFT$(A$(K),8)
450 INPUT"Kaufkurs";KK(K): N(8,K)=KK(K)
460 INPUT"Anzahl der Stücke ";ST(K)
470 INPUT"Weitere Papiere <J/N)";X$
480 IF X$="N" THEN 100 ELSE 400
500 CLS: PRINT"Kurse eingeben <999 für Eingabeende>
510 INPUT"Welche Spalte löschen <1...7)";L
520 IF L>7 THEN 510
530 FOR J = L TO 7
540 FOR K = 1 TO 20
550 N(J,K)=N(J+1,K)
560 NEXT K: D(J)=D(J+1): NEXT J: D(8)=DA
570 FOR K = 1 TO 20
580 PRINT A$(K);"  ";:INPUT N(8,K)
590 IF N(8,K)=999 THEN N(8,K)=0: GOTO 100
595 NEXT K: GOTO 100
700 CLS: PRINT"Wertpapierbestand": PRINT
710 PRINT"Name        ";"Dat ";"Stk ";"Krs";
720 FOR K = 1 TO 8: PRINT USING U$;D(K);:NEXT
730 PRINT" Diff": Q=1
740 FOR J = Q TO 9+Q
750 PRINT A$(J); USING U$;KD(J);ST(J);KK(J);
760 FOR K = 1 TO 8
765 PRINT USING U$; N(K,J);: NEXT K
770 D = N(8,J)-KK(J): PRINT USING U$;D: NEXT J
780 INPUT"Weiter";X$
790 IF Q=11 THEN 100 ELSE Q=11: GOTO 740
800 INPUT"Was soll verkauft werden";V$
810 INPUT"Verkaufskurs";VK
820 FOR K = 1 TO 20
830 IF V$=LEFT$(A$(K),LEN(V$)) THEN 845
840 NEXT K: GOTO 100
845 GV=VK-KK(K)
850 PRINT"Die Kursdifferenz Kauf/Verkauf ist";GV
860 IF GV < 0 THEN 880
870 PRINT"Das ergibt Gewinn von "ST(K)*GV: GOTO 890
880 PRINT"Das ergibt Verlust von " ST(K)*GV
890 INPUT"Soll verkauft werden <J/N>";X$
900 IF X$="J" THEN 910 ELSE 100
910 A$(K)="........": KK(K)=0: ST(K)=0: KD(K)=0
920 FOR J = 1 TO 8: N(J,K)=0: NEXT J
930 GOTO 100
1000 OPEN"O",#1,"DEPOT/DAT:1"
1010 FOR J = 1 TO 8
1020 FOR K = 1 TO 20
1030 PRINT#1,N(J,K)
1040 NEXT K
1050 NEXT J
1060 FOR K = 1 TO 20
1070 PRINT#1,KD(K),ST(K),KK(K);",";A$(K)
1080 NEXT K: FOR K = 1 TO 8: PRINT#1,D(K)
1090 NEXT K: CLOSE: END
```

Abb. 49: Programm »Wertpapierüberwachung«

50–80 Da nicht damit zu rechnen ist, daß der Benutzer des Programms vor dem ersten Abspeichern schon in alle Datenfelder Daten eingibt, müssen die Zeichenkettenvariablen gefüllt werden. Bei Zahlenvariablen wird bei neueren BASIC-Versionen automatisch 0 eingesetzt, wenn ihnen noch kein Wert zugewiesen wurde.

300–390 Das abgedruckte Programm ist für Diskettenspeicherung geschrieben. In einer sequentiellen Datei werden nacheinander das zweidimensionale Feld mit den 20 Kursen an 8 verschiedenen Tagen, die eindimensionalen Felder für die 20 Kaufdaten, die Stückzahlen, die Kaufkurse und die Namen sowie 7 Datumsangaben als Spaltenüberschriften gespeichert. Mit geringen Änderungen kann dieses Modul auf Kassettenspeicherung umgestellt werden.

400–480 Es wird am Anfang gesucht, welcher Datensatz noch für neue Eintragungen frei ist. In 440 wird der Name auf 8 Stellen aufgefüllt beziehungsweise begrenzt, damit bei der Ausgabe die nächsten Daten immer an der gleichen Position erscheinen. In 450 wird der Kaufkurs auch in die letzte Kursspalte übernommen, damit die Differenzrechnung später richtig läuft.

500–595 Vor der Kurseingabe muß eine der vorherigen Spalten gelöscht werden. Die rechts davon stehenden Kurse rücken dann auf, und die Spalte 8 wird frei für neue Eintragungen (530–560). Alle Kurse können hintereinander eingegeben werden. Wenn nicht alle Datensätze besetzt sind, bricht 999 die Eingabe ab. Vorher muß 999 wieder gelöscht werden (590).

700–730 In einer Zeile werden alle Überschriften ohne Verwendung der Tabulatorfunktion ausgegeben. Zwischenräume stehen in den Zeichenketten. Für die Ausgabe der Datumangaben wird der PRINT-USING-Befehl mit vier Stellen verwendet. Wenn dieser Befehl nicht zur Verfügung steht, muß jeweils mit Anruf eines Unterprogramms vor der Ausgabe formatiert werden.

740–790 Um die 20 Zeilen mit den Eintragungen in 2mal 10 Zeilen darzustellen, wird diesmal ein anderes Verfahren als bei früher gezeigten Programmen verwendet. Die Hilfsvariable Q wird vor dem ersten Schleifenlauf auf 1 und nach dem Lauf auf 11 gesetzt.

800–900 Bevor ein Papier verkauft wird, soll dem Benutzer der im Vergleich zum Kaufkurs entstandene Gewinn beziehungsweise

Verlust gezeigt werden. In der Suchschleife in 830 wird der abgespeicherte String auf die Länge des eingegebenen Schlüsselwortes begrenzt, da sonst der Vergleich nicht möglich ist.

900–930 Wenn verkauft werden soll, muß die Datenzeile in den Feldern gelöscht werden. Da hierbei in das Element des Namenfeldes 8 Punkte eingesetzt werden, wird die Zeile beim Neueintragen als leer erkannt.

1000–1090 Für das Speichermodul gilt das gleiche, wie beim Lesemodul gesagt.

Ein Programmlauf mit einigen Eintragungen ist in Abb. 50 zu sehen.

Wertpapierbestand

Name	Dat	Stk	Krs	0	0	0	384	484	784	884	984	Diff
DLH	14	100	122	0	0	0	132	134	125	125	130	8
AEG	14	200	20	0	0	0	32	34	26	24	24	4
Siemens	14	50	310	0	0	0	320	320	310	290	300	-10
Bayer	24	20	196	0	0	0	197	190	210	189	200	4
Hoesch	24	30	140	0	0	0	36	155	43	46	43	-97
BASF	0	100	250	0	0	0	0	0	0	250	244	-6
Dr.Bk	0	50	176	0	0	0	0	0	0	176	177	1
BMW	0	50	400	0	0	0	0	0	0	400	490	90
D.Bk	0	20	320	0	0	0	0	0	0	0	320	0
....	0	0	0	0	0	0	0	0	0	0	0	0

Abb. 50: Lauf des Programms »Wertpapierüberwachung«

Beispiel 17: Alphabetisches Ordnen von Stichwörtern

Lernziele

Alphabetisches Einordnen
Führung einer Indexliste
Wandlung in Kleinschrift
Gemischtes Speichern von Zahlen und Zeichenketten

Die Aufstellung einer nach dem Alphabet geordneten Liste, wie sie zum Beispiel für ein Stichwortregister benötigt wird, ist eine ziemlich mühselige Arbeit. Sie kann durch ein kleines Computerprogramm ganz wesentlich erleichtert werden. Die Programmieraufgabe hierfür lautet:

Es soll ein Programm geschrieben werden, das bis zu 500 eingegebene Wörter alphabetisch sortiert, und sie dann auf dem Bildschirm oder wahlweise auch auf dem Drucker ausgibt.

Bei diesem Programm ist zunächst zu überlegen, wie die Sortierung am einfachsten und schnellsten auszuführen ist. In Programmsammlungen findet man viele Sortierroutinen abgedruckt. Wenn aber mehr als ca. 50 Wörter sortiert werden sollen, laufen sie alle recht langsam. Lediglich das unter dem Namen QUICKSORT bekannte Programm macht eine Ausnahme, ist dafür aber wiederum recht lang und kompliziert.

Hier soll darum ein anderer Weg erklärt werden. Man schiebt in einer schon sortierten Liste, vom Ende beginnend, das neue Wort gleich nach der Eingabe so lange jeweils um einen Platz nach vorn, bis ein im Alphabet vorherstehendes Wort gefunden ist. Dann stimmt die Liste wieder. Da man nach der Eingabe eines Wortes meist sowieso einige Augenblicke das neu einzugebende Wort sucht, spielt die kurze Arbeitszeit des Computers beim Einordnen keine Rolle.

Man kann den Lauf des Programms noch wesentlich beschleunigen, wenn nicht die eingegebenen Worte sortiert werden, sondern nur eine Indexliste. Neben dem Feld mit den Wörtern X$(x) wird ein numerisches Indexfeld H(x) angelegt, das in seinen Elementen immer die Indexziffer enthält, in der das dazugehörige Wort steht. Wie das funktioniert, ist in Abb. 51 dargestellt. Abgespeichert werden muß dann allerdings sowohl die Hauptliste mit den Worten als auch die Indexliste. Beides kann zusammen in einer sequentiellen Datei erfolgen, wenn die verwendete BASIC-Version Datensätze mit gemischtem Inhalt zuläßt.

Da Wörter vom Computer nach dem ASCII-Wert der Buchstaben sortiert werden, klappt die Sortierung nur, wenn einheitlich entweder große oder kleine Buchstaben verwendet werden. Man könnte nun immer alle Eingaben in Groß- oder Kleinbuchstaben wandeln. Schneller läuft das Programm aber, wenn nur die Großbuchstaben am Anfang eines Hauptwortes gewandelt werden, und alle Wörter wie im Deutschen geschrieben eingegeben werden.

Im einzelnen können zu dem rein sequentiell aufgebauten Programm in Abb. 51 noch folgende Erklärungen gegeben werden:

```
10 REM Stichworte Einsortieren STICHSOR 820 Byte
40 CLEAR 10000
50 DIM X$(500),H(500)
60 INPUT"Altes Verzeichnis einlesen <J/N>";Y$
70 IF Y$="j" OR Y$="J" THEN 100
80 IF Y$="n" OR Y$="N" THEN 200
90 GOTO 70
100 OPEN"I",#1,"STICHW/DAT:1"
110 INPUT#1,Z
120 FOR K =  0 TO Z
130 INPUT#1,X$(K),H(K)
140 NEXT
150 CLOSE
200 PRINT"Stichworte eingeben, mit 0 beenden"
210 INPUT X$
220 IF X$ ="0" THEN 400
230 Z = Z + 1
240 B$ = LEFT$(X$,1)
250 IF ASC(B$) >= 97 THEN 290
270 X = ASC(B$) + 32
280 X$ = CHR$(X) + RIGHT$(X$,LEN(X$)-1)
290 X$(Z)=X$: H(Z)=Z
300 FOR K = Z TO 1 STEP -1
310 IF X$(H(K)) > X$(H(K-1)) THEN 210
320 Y=H(K):H(K)=H(K-1):H(K-1)=Y
330 NEXT K
340 GOTO 210
400 OPEN"O",#1,"STICHW/DAT:1"
410 PRINT#1,Z
420 FOR K = 0 TO Z
430 PRINT#1,X$(K);",";H(K)
440 NEXT
450 CLOSE
500 FOR K = 0 TO Z
510 PRINT X$(H(K)),
520 NEXT
600 PRINT: INPUT"Soll gedruckt werden";Y$
610 IF Y$="j" OR Y$="J" THEN 620 ELSE END
620 FOR K = 1 TO Z
630 LPRINT X$(H(K)),
640 NEXT
```

Abb. 51: Programm »Alphabetisches Ordnen von Stichwörtern«

100–150 u. **400–450** Wenn alle zu ordnenden Wörter hintereinander eingegeben werden, braucht man keine Datenspeicherung, die hier als Diskettenspeicherung programmiert ist. Zu beachten ist bei dem verwendeten DOS, daß die Kombination ;","; als Trennzeichen im Speicherbefehl (430) verwendet werden muß, wenn nach einer Zeichenkettenvariablen noch weitere Variable folgen. Die Anzahl der zu speichernden Worte wird in der Variablen Z mitgezählt und auch gespeichert und gelesen.

240–290 Das erste Zeichen des Wortes wird abgetrennt und dann geprüft, ob sein ASCII-Wert größer oder gleich 97 ist, was bedeutet, daß es sich um einen kleinen Buchstaben handelt. Ist dies nicht der Fall, wird zum ASCII-Wert 32 addiert, und das sich dann ergebende Zeichen wird statt des ersten Zeichens in die Kette gesetzt.

290 Hier erfolgt die Zuweisung des Wortes an ein Feldelement mit dem Index Z. Zugleich wird in das Indexfeld mit dem Index Z auch als Inhalt der Wert der Variablen Z eingesetzt.

300–340 In 310 wird der Inhalt der Elemente des Wort-Feldes geprüft; umgestellt werden in 320 gegebenenfalls aber nur die Elemente des Indexfeldes.

Beispiel 18: Einnahmen/Ausgaben-Buchführung

Lernziele

Kontenführung im Arbeitsspeicher
Anwahl verschiedener Rechenformeln
Positionierung von Ausgaben
Überwachung von Eingaben

Jeder selbständig Tätige ist verpflichtet, Bücher zu führen, aus denen der Überschuß der Einnahmen über die Ausgaben ersichtlich sein muß. Diese meist nicht sehr beliebte Arbeit wird durch ein Computerprogramm sehr erleichtert. Die Aufgabe für ein derartiges Programm kann wie folgt lauten:

Es ist ein Programm zu schreiben, das eine Überschußrechnung mit je drei Konten für Einnahmen und Ausgaben durchführt und jeweils die Mehrwertsteuer für verschiedene Sätze Netto oder Brutto berechnet.

Bei dieser Aufgabe muß zuerst überlegt werden, was das Programm liefern soll. Da nur wenige Konten zu führen sind, genügt es, wenn je ein Eingabe- und Ausgabejournal geschrieben und zum Schluß die Abschlußrechnung erstellt wird.

Wenn die Journale Posten für Posten gedruckt werden, ist keine Speicherung der einzelnen Posten erforderlich. Es genügt, wenn alle Salden gespeichert werden. Auch hierauf kann noch verzichtet werden, wenn eine Eingabe der Salden des vorherigen Buchungslaufes möglich ist.

Notwendig ist bei einem derartigen Programm eine Überwachung der Eingaben, damit nicht durch eine Falscheingabe das Programm zum Abbruch kommt, oder Fehlrechnungen ausgeführt werden.

Nicht ganz einfach ist bei derartigen Programmen auch die Positionierung der Ausgaben, denn eine Buchungszeile soll nicht länger sein als eine Zeile eines Bogens DIN A4. Sehr nützlich erweist sich hier der PRINT-USING-Befehl, aber ohne einiges Probieren geht es nie.

Berücksichtigt werden müssen 3 Umsatzsteuersätze (voller Satz, halber Satz und Pauschalsatz für Reisekosten). Bei den Ausgaben müssen Autokosten und Kosten für Bewirtungen separat erfaßt werden. Bei den Einnahmen stehen auch drei Konten zur Verfügung, die jeder nach Belieben benennen kann.

Im Programm werden folgende Variablennamen verwendet:

X$	Sofort verarbeitete Eingaben
A	Kosten für Auto beziehungsweise Beratung
G	Kosten für Gästebewirtung beziehungsweise schriftstellerische Tätigkeit
S	Kosten für Sonstiges beziehungsweise wissenschaftliche Tätigkeit
T$	Buchungstext
A$	Buchungsart
ST	Steuerkennzahl
DM	Betrag des Postens
K$	Kode für Buchungsart
B	Bruttobetrag
N	Nettobetrag
M	Betrag der Mehrwertsteuer
V	Volle Steuer
H	Halbe Steuer
R	Reisepauschale
Z	Argument für TAB-Funktion
S	Kennbuchstabe vor Variablen = Saldo.

```
10 REM Eingaben/Ausgaben Buchführung EABUCHF 3793 Byte
20 CLS:PRINT"     Ein-/Ausgaben Buchführung":PRINT
30 INPUT" Buchungsdatum";X$
40 LPRINT"Buchungsdatum ";X$: LPRINT
50 U$="######.##" : V$="####.##": W$="#####.##"
100 INPUT"E für Einnahmen oder A für Ausgaben eingeben";X$
120 IF X$="E" THEN LPRINT TAB(20)"E I N N A H M E N": GOTO 160
130 IF X$="A" THEN LPRINT TAB(20)"A U S G A B E N": GOTO 150
140 CLS : GOTO 100
150 LPRINT "Buchungst.";TAB(12)"Sonstig";TAB(21)
    "Bewirtg";TAB(30)"    Auto";TAB(39)" BRUTTO";TAB(46)
    "     14%    7.0%  11,4%": GOTO 170
160 LPRINT "Buchungst.";TAB(12)"Beratg.";TAB(21)
    "Schr'st";TAB(30)"Wis'sch.";TAB(39)" BRUTTO";TAB(46)
    "     14%    7,0%"
170 CLS: INPUT"Saldo von Kassette übernehmen <J/N>";X$
180 IF X$="j" OR X$="J" THEN 210
190 INPUT"Soll Saldo eingegeben werden <J/N>";X$
200 IF X$="j" OR X$="J" THEN 230 ELSE GOTO 250
210 INPUT"Kasette vorbereiten, dann NEW LINE drücken";X$
220 INPUT#-1,SS,SG,SA,SB,SV,SH,SR : GOTO 250
230 CLS: PRINT"Alten Saldo in folgender Reihenfolge
immer durch Kommas getrennt eingeben (auch 0-Salden).

Sonstg , Bewirtg ,  Auto    , BRUTTO , 13% , 6.5% , 10.6%
                    oder
Beratg , Schr'st , Wis'sch , BRUTTO , 13% , 6.5% , 10,5%
240 INPUT SS,SG,SA,SB,SV,SH,SR
250 LPRINT TAB(10) USING U$;SS;SG;SA;SB;
260 LPRINT USING V$;SV;SH;SR
400 PRINT"  Kode für Buchungsart < Buchstabe und Zahl>

  ==============================================


410 PRINT"Sonstiges = S  Gästebewirtung  = G  Auto       = A
Beratung  = S  Schriftstell.T. = G  Wissensch.T= A
420 PRINT:PRINT"14,0 % BRUTTO = 1  14,0 % NETTO = 2
 7.0 % BRUTTO = 3   7.0 % NETTO = 4
11,4 % BRUTTO = 5         OHNE   = 6
    Löschen = 0   Beenden = Saldo
430 PRINT: INPUT"Buchungstext";T$
440 IF LEN(T$)>8 THEN 400
450 IF T$="Saldo" OR T$="SALDO" OR T$="saldo" THEN 1200
460 INPUT"Buchungsart";A$
470 ST$=RIGHT$(A$,1): ST=VAL(ST$) : K$=LEFT$(A$,1)
480 INPUT"Betrag";DM
490 IF DM=0 THEN 510
500 ON ST GOTO 800,840,800,840,800,870
510 GOTO 400
800 B = DM : SB = SB + B
810 IF ST=3 THEN N=B*.93458: M=B-N: SH=SH+M: Z=53: GOTO 1000
820 IF ST=5 THEN N=B*.897666: M=B-N: SR=SR+M: Z=60: GOTO 1000
830 N = B*.877193 : M=B-N : SV=SV+M : Z=46 : GOTO 1000
840 N = DM : SN = SN + N
850 IF ST=4THENB=N*1.07:M=B-N:SB=SB+B:SH=SH+M:Z=53:GOTO 1000
860 B=N*1.14: M=B-N: SB=SB+B: SV=SV+M: Z=46: GOTO 1000
870 N = DM : B = DM : SB=SB+B : M = 0 : GOTO 1000
```

```
1000 IF K$="S" OR K$="s" THEN W=11 : SS=SS+N : GOTO 1100
1010 IF K$="G" OR K$="g" THEN W=20 : SG=SG+N : GOTO 1100
1020 IF K$="A" OR K$="a" THEN W=29 : SA=SA+N : GOTO 1100
1030 GOTO 400
1100 NR = NR + 1
1110 LPRINT NR;TAB(3)T$;
1120 LPRINT TAB(W) USING W$;N;
1130 LPRINT TAB(37) USING U$;B;
1140 IF ST=5 THEN LPRINT TAB(Z) USING V$;M: GOTO 400
1150 IF ST=6 THEN LPRINT : GOTO 400
1160 LPRINT TAB(Z) USING V$;M
1170 GOTO 400
1200 LPRINT TAB(10) USING U$;SS;SG;SA;SB;
1210 LPRINT USING V$;SV;SH;SR
1220 US = SV + SH + SR
1230 LPRINT:LPRINT"Umsatzsteuer total = ";USING W$;US
1400 INPUT"Soll Saldo gespeichert werden <J/N>";X$
1410 IF X$<>"j" AND X$<>"J" THEN 1500
1420 PRINT"Kassette vorbereiten, dann NEW LINE drücken
1430 INPUT X$
1440 PRINT#-1,SS,SG,SA,SB,SV,SH,SR
1500 INPUT"Abschlußrechnung erwünscht <J/N>";X$
1510 IF X$="j" OR X$="J" THEN 3030
1520 END
2999 '  ******* Abschlußprogramm  ********
3000 CLS:INPUT"Papier vorbereiten,dann RETURN";X$
3010 U$="######.##"
3030 PRINT: INPUT "Jahrezahl eingeben";J
3040 LPRINT TAB(20)"ABSCHLUSS   ";J:LPRINT
3050 PRINT" Aus der Saldenzeile eingeben
3060 INPUT "SONSTIGES";SS
3070 INPUT "BEWIRTUNG";CS
3080 INPUT "AUTO" ;AS
3090 LPRINT TAB(15)" N E T T O A U S G A B E N":LPRINT
3100 LPRINT "Diverse Ausgaben";TAB(40) USING U$;SS
3110 LPRINT "Bewirtung";TAB(40) USING U$;CS
3120 LPRINT "Autokosten";TAB(27) USING U$; AS
3130 LPRINT "Abzügl.g 25 % Eigenanteil";TAB(28) USING U$;.25*AS
3140 LPRINT "zu verrechnen";TAB(40) USING U$; .75*AS
3150 S=SS+CS:S=S+AS * .75
3160 LPRINT TAB(30)"--------------------------"
3170 LPRINT "AUSGABEN TOTAL";TAB(40) USING U$;S
3180 LPRINT:LPRINT
3300 LPRINT TAB(15) "N E T T O E I N N A H M E N":LPRINT
3310 INPUT "BERATUNG";BE
3320 INPUT "SCHRIFTST.TÄT.";H
3330 INPUT "WISSENSCHAFTL.TÄT.";WI
3340 LPRINT "Aus Beratung";TAB(40) USING U$;BE
3350 LPRINT "Aus schriftstell.Tätigkeit";TAB(40) USING U$;H
3360 LPRINT "Aus wissenschaftl.Tätigkeit";TAB(40) USING U$;WI
3370 ES=H+BE:ES=ES+WI
3380 LPRINT TAB(35)"-------------------"
3390 LPRINT "EINNAHMEN TOTAL";TAB(40) USING U$;ES
3400 UE = ES - S
3410 LPRINT:LPRINT
3420 LPRINT"UEBERSCHUSS DER EINNAHMEN        DM ";USING U$;UE
3430 END
```

Abb. 52: Programm »Einnahmen/Ausgaben – Buchführung«

Das in Abb. 52 gezeigte Programm ist so geschrieben, daß es individuellen Wünschen leicht angepaßt werden kann. Es ist auch ohne die Befehle für das Speichern und Lesen lauffähig. Folgende Erklärungen dürften noch nützlich sein:

150–160 Die Argumente in den TAB-Funktionen müssen nach dem ersten Druck der Saldenzeile so gewählt werden, daß Überschriften und Daten gut untereinander stehen.

250–260 Beim Druck der Saldenzeile werden keine TAB-Funktionen verwendet. Die ersten vier Kolonnen sind mit 6 Vorkommastellen, die weiteren drei mit 4 Vorkommastellen definiert. Hierdurch bleibt bei Eingaben bis zu ca. DM 70 000,00 als Einzelposten und 14% Umsatzsteuer immer noch eine Leerstelle.

Wird kein Saldo eingegeben, muß überall eine 0 gedruckt werden zum Zeichen, daß die Speicher leer sind. Bei einigen BASIC-Versionen ist allerdings am Anfang dafür noch eine Zuweisung von 0 an die Variablen notwendig.

400–510 Die Eingaben werden nur übernommen, wenn der Buchungstext nicht mehr als 8 Zeichen umfaßt (440) und nur die erlaubten Zeichen bei der Buchungsart eingegeben werden (510 und 1030). Der Abbruch ist durch Eingabe von 0 bei der Buchungsart und beim Betrag möglich.

800–870 Alle Bruttorechnungen für die Mehrwertsteuer werden in 800–830 und alle Nettorechnungen in 840–860 durchgeführt. Hierbei werden die unterschiedlichen Steuersätze berücksichtigt und jeweils das richtige Argument für die TAB-Funktion zum Abdruck der Steuerbeträge eingesetzt.

1000–1030 Hier werden die Argumente für den Abdruck der Nettobeträge eingesetzt.

1100–1170 Druck einer Buchungszeile unter Voranstellung eines Zeilenzählers.

1200–1230 Druck der Saldenzeile und der total berechneten Umsatzsteuer.

3000–3430 Damit das Abschlußprogramm unabhängig vom Eingabeprogramm laufen kann, müssen hier die Salden neu eingegeben werden. Von den Autokosten wird ein vom Steuerpflichtigen selbst zu tragender Eigenanteil von 25% abgezogen.

Ein stark verkürzter Programmlauf ist in Abb. 53 dargestellt.

```
Buchungsdatum 1.4.84

                        A U S G A B E N
Buchungst.   Sonstig  Bewirtg       Auto     BRUTTO      14%    7.0%  11,
                0.00     0.00       0.00       0.00     0.00    0.00   0.
 1 Treibst                        225.18     256.70    31.52
 2 Buch        80.37                          86.00             5.63
 3 Reisen     339.32                         378.00                   38.
 4 Reifen                         671.05     765.00    93.95
 5 Mayer      285.75                         325.75    40.00
 6 Material   345.24                         393.57    48.33
 7 Konrad              105.26                120.00    14.74
 8 Oelwech                         64.04      73.00     8.96
             1050.68   105.26     960.26    2398.02   237.51    5.63  38.

Umsatzsteuer total =    281.82
Buchungsdatum 1.4.84

                        E I N N A H M E N
Buchungst.   Beratg.   Schr'st   Wis'sch.    BRUTTO      14%    7,0%
                0.00     0.00       0.00       0.00     0.00    0.00   0.
 1 DRF       2000.00                        2280.00   280.00
 2 Verlag             1264.49               1353.00            88.51
 3 Hort      2631.58                        3000.00   368.42
 4 IHK                           2631.58    3000.00   368.42
 5 Verlag             3233.65               3460.00           226.35
             4631.58  4498.13    2631.58   13093.001016.84   314.87   0.

Umsatzsteuer total =   1331.71
                        ABSCHLUSS     1984

                    N E T T O A U S G A B E N

Diverse Ausgaben                                 1050.68
Bewirtung                                         105.26
Autokosten                        960.00
Abzügl.g 25 % Eigenanteil         240.00
zu verrechnen                                     720.00
                                  --------------------------
AUSGABEN TOTAL                                   1875.94


                   N E T T O E I N N A H M E N

Aus Beratung                                     4631.58
Aus schriftstell.Tätigkeit                       4498.13
Aus wissenschaftl.Tätigkeit                      2631.58
                                       -------------------
EINNAHMEN TOTAL                                 11761.30


UEBERSCHUSS DER EINNAHMEN            DM    9885.35
```

Abb. 53: Lauf des Programms »Einnahmen/Ausgaben – Buchführung«

Beispiel 19: Erzeugung von Bildschirmtabellen

Lernziele

Einsetzen von Bezeichnungen für Zeilen und Spalten
Verschiebung einer Tabelle auf dem Bildschirm
Rechnen und Korrigieren in einer Tabelle
Aufgabenwahl mit einer Menüzeile

Bei den Programmen, die heute für Anwender angeboten werden, spielen sogenannte *Tabellenkalkulationsprogramme*, englisch auch SPREAD SHEETS genannt, eine große Rolle. Sie werden unter den verschiedensten Namen wie VISICALC, MULTIPLAN u. ä. angeboten und sind meist für die verschiedensten Zwecke, wo eine Kombination von Darstellung und Rechnung gefordert wird, verwendbar.

Die Darstellung auf dem Bildschirm geschieht immer in Form einer Tabelle, also in Spalten und Zeilen. Der Benutzer kann den ihn interessierenden Ausschnitt wählen und bestimmen, in welcher Form die Eintragungen durch Rechenoperationen miteinander verbunden werden sollen.

Im folgenden wird gezeigt, wie man ein derartiges Programm auch selbst entwickeln kann. Erklärt wird hier zunächst nur das Schema für ein derartiges Programm mit einfachen Rechnungen. Die Programmaufgabe lautet:

Es soll ein Programm geschrieben werden, das demonstriert, wie Teile einer großen Tabelle auf dem Bildschirm gezeigt und durch Rechenoperationen miteinander verbunden werden können.

Tabellenprogramme arbeiten immer mit der Speicherung der Tabellenwerte als Matrix in einem zweidimensionalen Feld. Die Bildschirmdarstellung erfolgt in Zeilen und Spalten. Das Problem liegt nun darin, daß für die Tabelle meist mehr Zeilen und Spalten benötigt werden, als auf dem Bildschirm darstellbar sind. Das Programm muß also die Möglichkeit bieten, die Tabelle so zu verschieben, daß jeder Teil davon als Ausschnitt auf dem Bildschirm gezeigt werden kann.

```
10 REM Tabellenkalkulation TABKALK 1514 Byte
20 CLEAR 5000
30 DEFINT J,K,Z
40 DIM M(15,30),SB$(15),ZB$(30)
90 PRINT"BITTE WARTEN, PROGRAMM ARBEITET
100 FOR J = 1 TO 30
110 FOR K = 1 TO 15
120 M(K,J)= J*100+K
130 NEXT K : NEXT J
150 FOR K = 1 TO 15
160 SB$(K) = "SPALTE "+STR$(K)
170 NEXT K
180 FOR J = 1 TO 30
190 ZB$(J) = "ZEILE "+STR$(J)
200 NEXT J
1000 CLS
1010 INPUT"Erste Anzeigezeile (1..21)";Z
1020 IF Z>21 THEN PRINT"Zu gross": GOTO 1010
1030 INPUT"Erste Anzeigespalte (1..11)";S
1040 IF S>11 THEN PRINT"Zu gross": GOTO 1030
1300 CLS
1310 FOR K = 0 TO 4
1320 PRINT TAB(10+K*11);SB$(K+S);
1330 NEXT
1340 PRINT STRING$(64,45)
1510 FOR J = 0 TO 9
1520 PRINT ZB$(Z+J);
1550 FOR K = 0 TO 4
1560 PRINT TAB(10+K*11);M(K+S,J+Z);
1570 NEXT K : PRINT : NEXT J
1600 PRINT
1610 PRINT"HOCH=H  TIEF=T  RECHTS=R  LINKS=L  KORR.=K
  RECH.=A  ENDE=E
1620 INPUT X$
1630 IF X$="H" AND Z>1 THEN Z=Z-1: GOTO 1300
1640 IF X$="T" AND Z<21 THEN Z=Z+1: GOTO 1300
1650 IF X$="L" AND S>1 THEN S=S-1: GOTO 1300
1660 IF X$="R" AND S<11 THEN S=S+1: GOTO 1300
1670 IF X$="K" THEN  2000
1680 IF X$="A" THEN 3000
1690 IF X$="E" THEN END
1700 PRINT"ENDE DER TABELLE": FOR K=1TO1000:NEXT: GOTO 1000
2000 PRINT§ 768,"EINGABE DER KOREKTUREN
2010 INPUT"SPALTE";SP
2020 INPUT"ZEILE";ZE
2030 INPUT"KORREKTURWERT";M(SP,ZE)
2040 GOTO 1300
3000 PRINT§ 768,"RECHNEN IN DER TABELLE"
3010 INPUT"SPALTE,ZEILE 1.OPERAND";S1,Z1
3020 INPUT"SPALTE,ZEILE 2.OPERAND";S2,Z2
3030 INPUT"ERGEBNIS NACH SPALTE,ZEILE";SE,ZE
3040 INPUT"PLUS=P  MINUS=N  MAL=M  DURCH=D  EINGEBEN";X$
3050 IF X$="P" THEN M(SE,ZE)=M(S1,Z1)+M(S2,Z2): GOTO 1300
3060 IF X$="N" THEN M(SE,ZE)=M(S1,Z1)-M(S2,Z2): GOTO 1300
3070 IF X$="M" THEN M(SE,ZE)=M(S1,Z1)*M(S2,Z2): GOTO 1300
3080 IF X$="D" THEN M(SE,ZE)=M(S1,Z1)/M(S2,Z2): GOTO 1300
3090 PRINT"FALSCHE EINGABE": INPUT"WEITER";X$: GOTO 3040
```

Abb. 54: Programm »Erzeugung von Bildschirmtabellen«

Es gibt mehrere Methoden, so etwas zu programmieren. Kommerzielle Programme benutzen für das Verschieben des Bildschirmausschnitts meist Routinen der Maschinensprache. Hier soll erklärt werden, wie man so etwas auch in BASIC programmieren kann.

Bei einer derartigen Aufgabe ist es zweckmäßig, eine Variablenliste anzulegen und zu führen. Hier werden die folgenden Variablen verwendet:

J	Laufvariable für Schleifen
K	Laufvariable für Schleifen
S	Spaltennummer
Z	Zeilennummer
S1	Spaltennr. für 1. Operanden
S2	Spaltennr. für 2. Operanden
SE	Spaltennr. für Ergebnis
Z1	Zeilennr. für 1. Operanden
Z2	Zeilennr. für 2. Operanden
ZE	Zeilennr. für Ergebnis
SP	Eingegebene Spaltennummer
ZE	Eingegebene Zeilennummer
M(x,y)	Zweidimensionales Feld für die Matrix
SB$(x)	Feld für die Spaltenbezeichnungen
ZB$(x)	Feld für die Zeilenbezeichnungen
X$	Allgemeine Eingabevariable.

Es ist zu erkennen, daß das in Abb. 54 gezeigte Programm aus 4 Teilen besteht.

Bis 200. Nach der Reservierung von Speicherraum für die Zeichenketten, der Dimensionierung und der Definierung einiger Variablen als Ganzzahlen wird zunächst, nur zur Demonstration, ein zweidimensionales Feld mit Zahlenwerten gefüllt.

In die einzelnen Elemente des Feldes wird jeweils eine Zahl gesetzt, die in den ersten zwei Stellen die Zeilennummer und in den letzten zwei Stellen die Spaltennummer enthält. Hierfür werden zwei verschachtelte Schleifen verwendet. Da das Einlesen der Matrix in das Feld einige Zeit dauert, wird vorher in Zeile 90 noch eine Erklärung für den Benutzer ausgegeben.

In ähnlicher Weise werden die Spalten- und Zeilenbezeichnungen in die dafür vogesehenen Felder eingesetzt. Unter Voranstellung der Wörter »SPALTE« und »ZEILE« werden sie einfach numeriert.

1000–1700 Entsprechend dem benutzten Bildschirm des verwendeten Genie-Computers, der 64 Zeichen in 16 Zeilen darstellen kann, werden im Anzeigeprogramm 5 Spalten und 10 Zeilen dargestellt. Wenn für jede Spalte 11 Zeichen vorgesehen werden, bleiben für die Zeilenbezeichnung 9 Zeichen übrig.

Es ist zu erkennen, daß als erstes 5 Spaltenbezeichnungen geschrieben werden. Der Befehl in Zeile 1340 setzt einen Strich darunter. Durch die STRING$-Funktion wird 64mal das Zeichen mit dem ASCII-Wert 45 ausgegeben. Dann wird mit Hilfe zweier verschachtelter Schleifen unter Voranstellung der Zeilenbezeichnung die Matrix ausgegeben.

Damit die Ausgabe erfolgen kann, müssen vorher die Variablen Z und S vom Benutzer abgefragt und geprüft werden. Dem Benutzer wird gesagt, in welchen Rahmen er die Zahlen wählen darf, und es wird dafür gesorgt, daß eine falsche Eingabe nicht angenommen wird. Die Grenzzahlen ergeben sich jeweils aus der Nummer der letzten Zeile beziehungsweise Spalte minus der Zahl der angezeigten Zeilen beziehungsweise Spalten. Entsprechend der Dimensionierung der Matrix können hier maximal 15 Spalten und 30 Zeilen gezeigt werden.

1600–1700 Mit diesen Befehlen ist das Programm in der Rohausführung lauffähig und kann getestet werden. Dem Benutzer wird die Möglichkeit geboten, den Bildschirmausschnitt zu verschieben. Ein Menü an dieser Stelle würde viel Bildschirmplatz beanspruchen. Es wird darum hier nur eine Auswahlzeile direkt an das Ende der Matrix gesetzt.

Der Benutzer kann die Verschiebung der Anzeige jeweils um eine Zeile oder Spalte veranlassen. Da die hierfür notwendigen Befehle nur jeweils eine Zeile benötigen, ist es nicht notwendig, mit Sprungbefehlen oder ON . . . GOSUB zu arbeiten. Es werden einfach mehrere Vergleichsbefehle hintereinander gesetzt. In den Befehlen wird jeweils die Zeilen- oder Spaltenvariable, die die erste

Anzeigezeile beziehungsweise Anzeigespalte bestimmt, verändert und vorher noch geprüft, ob dabei schon das Tabellenende überschritten wird.

Das Korrektur- und das Rechenprogramm wird durch Sprungbefehle erreicht. An den Schluß kommt noch eine Fehlermeldung, die nach einer Zeitschleife zur Matrixanzeige zurückführt.

```
Erste Anzeigezeile (1..21)? 4
Erste Anzeigespalte (1..11)? 4

          SPALTE  4  SPALTE  5  SPALTE  6  SPALTE  7  SPALTE  8-
-----------------------------------------------------------------
ZEILE  4   404        405        406        407        408
ZEILE  5   504        505        506        507        508
ZEILE  6   604        605        606        607        608
ZEILE  7   704        705        706        707        708
ZEILE  8   804        805        806        807        808
ZEILE  9   904        905        906        907        908
ZEILE  10  1004       1005       1006       1007       1008
ZEILE  11  1104       1105       1106       1107       1108
ZEILE  12  1204       1205       1206       1207       1208
ZEILE  13  1304       1305       1306       1307       1308

HOCH=H  TIEF=T  RECHTS=R  LINKS=L  KORR.=K
  RECH.=A  ENDE=E
? A


RECHNEN IN DER TABELLE
SPALTE,ZEILE 1.OPERAND? 4,4
SPALTE,ZEILE 2.OPERAND? 5,5
ERGEBNIS NACH SPALTE,ZEILE? 6,6

          SPALTE  4  SPALTE  5  SPALTE  6  SPALTE  7  SPALTE  8-
-----------------------------------------------------------------
ZEILE  4   404        405        406        407        408
ZEILE  5   504        505        506        507        508
ZEILE  6   604        605        204020     607        608
ZEILE  7   704        705        706        707        708
ZEILE  8   804        805        806        807        808
ZEILE  9   904        905        906        907        908
ZEILE  10  1004       1005       1006       1007       1008
ZEILE  11  1104       1105       1106       1107       1108
ZEILE  12  1204       1205       1206       1207       1208
ZEILE  13  1304       1305       1306       1307       1308

HOCH=H  TIEF=T  RECHTS=R  LINKS=L  KORR.=K
  RECH.=A  ENDE=E
?
```

Abb. 55: Lauf des Programms »Tabellenkalkulation«

2000–2040 Im Programmteil für die Korrektur wird Spalte und Zeile, wo korrigiert werden soll, abgefragt, und dann der Korrekturwert in das dadurch gekennzeichnete Matrixelement gesetzt.

3000–3090 Ähnlich aufgebaut ist das Rechenmodul. Nach der Abfrage der Spalten und Zeilen werden dem Benutzer die möglichen Rechenverfahren auch wieder in Form einer Abfragezeile zur Wahl gestellt.

Ein Programmlauf ist in Abb. 55 dargestellt. Das Programm bringt so allerdings noch wenig praktischen Nutzen, da keine Speicherung der Daten erfolgt und die Einzelprogrammierung der Rechnungen etwas umständlich ist. Wie leicht dies Programm aber weiter auszubauen ist, wird im nächsten Abschnitt erklärt.

Beispiel 20: Tabellenprogramm für Umsatzdarstellung

Lernziele

Anwendung des Schemas für Tabellenprogramme
Zeilen- und Spaltenbezeichnungen
Rechenbefehle für ganze Spalten
Verschachtelte Rechenschleifen

Im folgenden wird gezeigt, wie vorzugehen ist, wenn ein Tabellenprogramm für einen bestimmten Zweck entwickelt werden soll. Die hier vorliegende Aufgabe lautet wie folgt:

Es soll ein Programm geschrieben werden, das es ermöglicht, die Umsätze eines Unternehmens quartalsweise mit den Sollzahlen zu vergleichen und dabei die absoluten und die prozentualen Abweichungen zu erkennen. Bis zu 11 Artikelgruppen sollen verfolgt werden können.

Bei einer derartigen Aufgabe sollte man sich zunächst darüber klarwerden, wie die Tabelle am besten dargestellt werden kann. Dies hängt von den Möglichkeiten des Bildschirms, also der darzustellenden Zeichen- und Zeilenzahl ab.

Bei dem hier benutzten Computer können 64 Zeichen in je 16 Zeilen gezeigt werden. Mit 5 Spalten zu je 11 Zeichen sind auch größere Zahlen gut lesbar zu zeigen. Es bleiben für die Zeilenbezeichnung 9 Zeichen übrig. Gezeigt werden müssen in getrennten Spalten für jedes Quartal

der Sollumsatz,
der Istumsatz,
die Differenz zwischen Soll- und Istumsatz,
die prozentuale Abweichung von Ist zu Soll und
die kumulierte %-Abweichung von Ist zu Soll.

An sich könnten 11 Artikelgruppen und das Total in 12 Zeilen gezeigt werden. Da aber noch ein oder zwei Überschriftszeilen notwendig sind und Platz für eine Auswahlzeile bleiben soll, wird hier die eigentliche Anzeige auf 10 Zeilen beschränkt.

Bei der vorliegenden Aufgabe ist es offensichtlich, daß die Matrix in einem zweidimensionalen Feld im Arbeitsspeicher stehen muß. Sie ist also zu Beginn der Arbeit zu laden und nach der Arbeit wieder extern zu speichern. Hierfür wird am einfachsten eine sequentielle Datei verwendet. In diesem Fall wäre sogar noch Kassettenspeicherung tragbar, da während des Programmlaufs nicht auf den externen Speicher zugegriffen zu werden braucht.

Dem in Abb. 56 gezeigten Programm liegt das in Abb. 57 dargestellte Flußdiagramm zugrunde. Bewußt wurde hier eine Lösung ohne Unterprogrammanrufe gewählt. Es werden im wesentlichen die gleichen Variablennamen verwendet wie im Beispiel 19.

20–170 Da die Spaltenüberschriften für jedes der vier Quartale gleich sind, werden sie aus DATA-Zeilen gelesen. Die Spaltenbezeichnungen müssen viermal den Elementen des Feldes SB$(x) zugewiesen werden. Es ist zu erkennen, daß sie zunächst in das Hilfsfeld SA$(x) eingelesen werden. Dieses Feld brauchte nicht dimensioniert zu werden, da es weniger als 10 Elemente hat. Erst in einer weiteren Schleife werden sie dann jeweils viermal hintereinander den Elementen des Feldes SB$(x) zugeteilt.

200–220 Damit nicht bei der ersten Benutzung des Programms versucht wird, eine noch nicht angelegte Datei zu lesen, was zum Abbruch führen würde, muß zu Beginn des Programmlaufs gefragt werden, ob die Datei neu angelegt werden soll. Da das Lesen oder

Speichern in jedem Fall etwas dauert, wird der Benutzer darauf hingewiesen. Verwendet wird (400–450) eine einfache sequentielle Datei mit dem Namen UMSDAT/DAT:1. Auf dem Laufwerk 1 wird zunächst eine Datei mit lauter Nullen in den Elementen der Matrix angelegt.

ab 1000 Sowohl nach dem Speicher- als auch nach dem Lesemodul geht das Programm mit dem Eingabe- und dann mit dem Anzeigeteil weiter. Geändert wurde nur die Frage nach der 1. zu zeigenden Spalte. Hier soll jetzt das gewünschte Quartal eingegeben werden. Aus der Eingabevariablen Q wird die erste Spalte dieses Quartals berechnet.

```
10 REM Umsatzübersicht   UMSATAB  2405 Byte
20 CLEAR 5000
30 DEFINT J,K,Z,S
40 DIM M(20,12),SB$(20),ZB$(12)
50 DATA SOLL,IST,DIFF.,% QUART.,% CUMUL.
60 DATA Art.1,Art.2,Art.3,Art.4,Art.5,Art.6,Art.7
70 DATA Art.8,Art.9,Art.10,Art.11,TOTAL
99 REM ****Bezeichnungen einlesen ****
100 FOR K = 1 TO 5: READ SA$(K): NEXT
110 FOR K = 1 TO 12: READ ZB$(K): NEXT
130 FOR K = 1 TO 20
140 J = J + 1
150 SB$(K)=SA$(J)
160 IF J/5 = INT(J/5) THEN J=0
170 NEXT
199 REM **** Abfrage ob neue Datei ****
200 INPUT"Datei neu anlegen <J/N)";X$
210 PRINT: PRINT"BITTE WARTEN, PROGRAMM ARBEITET"
220 IF X$="J" OR X$="j" THEN 400
299 REM **** Datei lesen ****
300 OPEN"I",#1,"UMSDAT/DAT:1"
310 FOR J = 1 TO 12
320 FOR K = 1 TO 20
330 INPUT#1,M(K,J)
340 NEXT K: NEXT J
350 CLOSE
370 GOTO 1000
399 REM **** Daten abspeichern ****
400 OPEN"O",#1,"UMSDAT/DAT:1"
410 FOR J = 1 TO 12
420 FOR K = 1 TO 20
430 PRINT#1,M(K,J)
440 NEXT K: NEXT J
450 CLOSE
460 IF X$="E" THEN END
999 REM **** Wahl des Fensters ****
1000 CLS
1010 INPUT"Erste Anzeigezeile (1..3)d";Z
1020 IF Z>3 THEN PRINT"Zu gross": GOTO 1010
1030 INPUT"Welches Quartal <1...4>";Q: S=1+5*(Q-1)
1040 IF Q>4 THEN PRINT"Falsche Eingabe": GOTO 1030
```

```
1100 PRINT: INPUT"Neueingaben <J/N>";X$
1120 IF X$="J" OR X$="j" THEN 1200
1130 X$="": GOTO 1300
1199 REM **** Wahl und Eingabe ****
1200 INPUT"Soll- <S> oder Istzahlen <I>";X$
1210 IF X$="S" THEN J=1+5*(Q-1): GOTO 1240
1220 IF X$="I" THEN J=2+5*(Q-1): GOTO 1240
1230 PRINT"Falsche Eingabe": GOTO 1200
1240 FOR K=1 TO 11
1250 PRINT ZB$(K);:INPUT M(J,K)
1260 NEXT
1299 REM **** Darstellung ****
1300 CLS: PRINT Q;". QUARTAL"
1310 FOR K = 0 TO 4
1320 PRINT TAB(9+K*11);SB$(K+S);
1330 NEXT
1340 PRINT: PRINT STRING$(63,45)
1510 FOR J = 0 TO 9
1520 PRINT ZB$(Z+J);
1550 FOR K = 0 TO 4
1560 PRINT TAB(9+K*11);M(K+S,J+Z);
1570 NEXT K : PRINT : NEXT J
1600 PRINT
1610 PRINT"HOCH=H TIEF=T RECHTS=R LINKS=L KORR=K RECH=A
1620 INPUT X$ NEU=N ENDE=E
1630 IF X$="H" AND Z>1 THEN Z=Z-1: GOTO 1300
1640 IF X$="T" AND Z<3 THEN Z=Z+1: GOTO 1300
1650 IF X$="L" AND S>1 THEN S=S-1: GOTO 1300
1660 IF X$="R" AND S<16 THEN S=S+1: GOTO 1300
1670 IF X$="K" THEN  2000
1680 IF X$="A" THEN 3000
1690 IF X$="E" THEN GOTO 400
1700 IF X$="N" THEN 1000
1710 PRINT"ENDE DER TABELLE": FOR K=1TO1000:NEXT:
1999 REM **** Korrektur **** GOTO 1000
2000 PRINT§ 768,"EINGABE DER KOREKTUREN
2010 INPUT"SPALTE";SP
2020 INPUT"ZEILE";ZE
2030 INPUT"KORREKTURWERT";M(SP,ZE)
2040 GOTO 1300
2999 REM **** Rechenformeln ****
3000 M(S,12) = 0 : M(S+1,12) = 0
3100 FOR K=1 TO 12
3110 M(S,12) = M(S,12) + M(S,K)
3120 M(S+1,12) = M(S+1,12) + M(S+1,K)
3130 M(S+2,K)  = M(S+1,K) - M(S,K)
3140 R = M(S+1,K)*100/M(S,K)
3150 M(S+3,K) = INT(R*100)/100
3160 FOR J = 1 TO Q
3170 R1 = R1 + M(1+5*(J-1),K)
3180 R2 = R2 + M(2+5*(J-1),K)
3190 NEXT J
3200 R3 = R2*100/R1
3210 M(S+4,K) = INT(R3*100)/100
3220 R1=0: R2=0
3230 NEXT K : GOTO 1300
```

Abb. 56: Programm »Umsatztabelle«

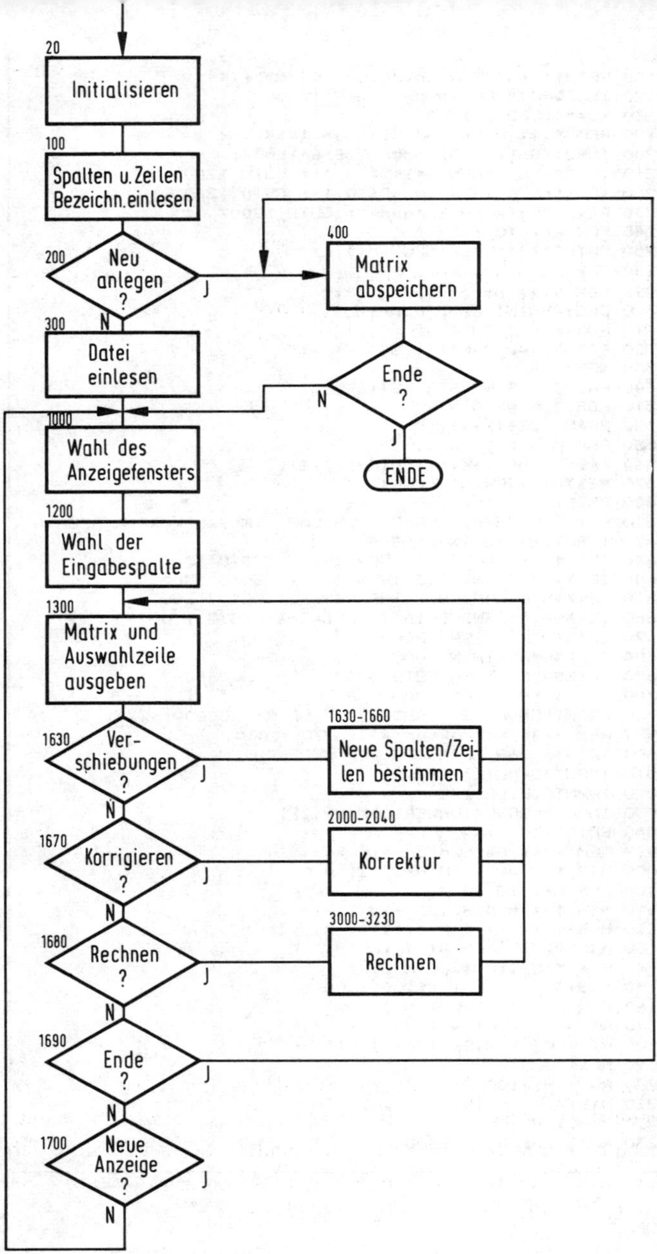

Abb. 57: Flußdiagramm für das Programm »Umsatztabelle«

1300–1710 Der eigentliche Ausgabeteil wird vom Demonstrationsprogamm übernommen und nur bezüglich der Spalten- und Zeilenzahl angepaßt. Das gleiche gilt für die Auswahlzeile und die folgenden Entscheidungsbefehle, die nur noch durch »N« für einen Rücksprung zur Abfrage des Quartals erweitert werden.

2000–3230 Unverändert wird der Programmteil für die Korrektur übernommen. Neu geschrieben muß aber der Rechenteil werden. Hier bestehen durch die Aufgabenstellung ganz klare Vorschriften. Die folgenden Rechenaufgaben sind fest zu programmieren:

Addition aller Einzel-Sollwerte zum Total-Soll
Addition aller Einzel-Istwerte zum Total-Ist
Errechnung der Differenz zwischen Ist und Soll
Errechnung der prozentualen Abweichung zwischen Ist und Soll
Addition der kumulierten Soll-Werte
Addition der kumulierten Ist-Werte
Errechnung der kumulierten %-Abweichung

Verwendet wird eine Schleife, in der alle Werte für eine Anzeigezeile berechnet werden. In 3110 und 3120 stehen die Rechenausdrücke für die Addition der Einzelwerte von Soll und Ist zum Total. Damit die Addition bei Null beginnt und beim zweiten Lauf nicht etwa noch Werte im Total stehen, müssen die entsprechenden Variablen vorher auf 0 gesetzt werden.

Es folgt in 3130 die Berechnung der Differenz. Danach wird die %-Abweichung berechnet und zunächst der Hilfsvariablen R zugewiesen, da in der nächsten Zeile vor der Ausgabe noch die überflüssigen Nachkommastellen abgetrennt werden.

Für die Addition zum kumulativen Soll und Ist wird eine innere Schleife verwendet, die so oft läuft, wie die Quartalszahl lautet. Danach erfolgt außerhalb der inneren Schleife die Berechnung der Prozentzahl, das Abschneiden der überflüssigen Nachkommastellen und die Nullsetzung der Hilfsvariablen R1 und R2.

Die Hardcopien eines Programmlaufs in Abb. 58 zeigen die Arbeitsweise.

```
 1 . QUARTAL
          SOLL          IST           DIFF.          % QUART.    % CUMUL.
--------------------------------------------------------------------------
Art.3      30           33            3              110         110
Art.4      50           46            -4             92          92
Art.5      80           12            -68            15          15
Art.6      10           34             24            340         340
Art.7      30           88            58             293.33      293.33
Art.8      80           24            -56            30          30
Art.9      20           4             -16            20          20
Art.10     10           15            5              150         150
Art.11     20           4             -16            20          20
TOTAL      720          610           -110           84.72       84.72

HOCH=H TIEF=T RECHTS=R LINKS=L KORR=K RECH=A NEU=N ENDE=E
?
```

Abb. 58: Lauf des Programms »Umsatztabelle«

Beispiel 21: Adressen-Datei als sequentielle Datei

Lernziele

Sequentielle Datei mit Diskettenspeicherung
Neuanlegen, Ergänzen und Suchen von Datensätzen
Ändern von einzelnen Datenfeldern
Löschen von ganzen Datensätzen

Man kann darüber streiten, ob es für einen Privatmann sinnvoll ist, eine Adressendatei anzulegen. Mehr oder minder umständliche Vorschläge hierfür findet man in jedem Computermagazin und in vielen Lehrbüchern. Hier geht es in erster Linie darum, zu zeigen, wie ein Dateiprogramm, in dem nicht nur Adressen, sondern auch vieles andere gespeichert werden kann, kurz und effektiv zu schreiben ist. Die Aufgabe lautet:

Es ist ein Dateiprogramm für Diskettenbetrieb zu schreiben, ausgelegt für ca. 50 bis 100 Datensätze, das auch die Änderung nur einzelner Datenfelder in den Datensätzen erlaubt.

Das Flußdiagramm zu Abb. 59 zeigt eine Möglichkeit, eine derartige Datei zu schreiben. Es ist zu erkennen, daß die einzelnen Teilaufgaben bewußt unterschiedlich programmiert worden sind, um die Vielfalt der Möglichkeiten zu zeigen, die sich hier anbieten.

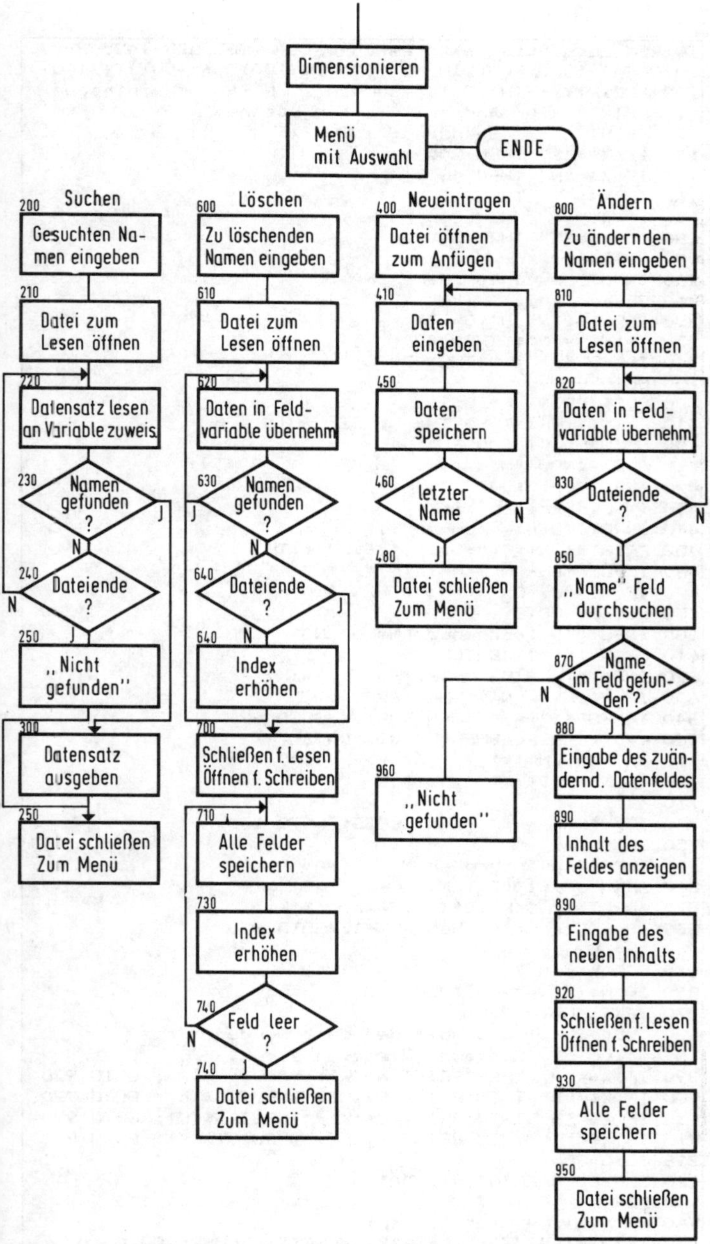

Abb. 59: Flußdiagramm für das Programm »Adressen-Datei«

```
10 REM Sequentielle Adressen-Datei  SEQUADR 1485 Byte
20 CLEAR 1000:CLS:DIM N$(100),O$(100),S$(100),T$(100)
100  PRINT: PRINT"S für Suchen    N für Neueintragen
110 PRINT"A für Ändern    L für Löschen"
120 PRINT"E für Beenden": INPUT X$
130 IF X$="S" THEN 200
150 IF X$="N" THEN 400
160 IF X$="L" THEN 600
170 IF X$="A" THEN 800
180 IF X$="E" THEN END
190 GOTO 100
200 INPUT"Gesuchter Name";NA$
210 OPEN"I",#1,"DATEN"
220 INPUT#1,N$,O$,S$,T$
230 IF N$ = NA$ THEN 300
240 IF EOF(1) = 0 THEN 220
250 GOTO 960
300 CLS: PRINT N$,O$
310 PRINT: PRINT S$,T$: CLOSE: GOTO 100
400 OPEN"E",#1,"DATEN"
410 CLS: INPUT"Name";N$
420 INPUT"Ort";O$
430 INPUT"Strasse";S$
440 INPUT"Telefonnummer";T$
450 PRINT#1,N$;",";O$;",";S$;",";T$
460 INPUT"Mehr Namen (J/N)";X$
470 IF X$="J" OR X$="j" THEN 410
480 CLOSE: GOTO 100
600 INPUT"Zu löschender Name";NA$
610 OPEN"I",#1,"DATEN
620 INPUT#1,N$(K),O$(K),S$(K),T$(K)
630 IF N$(K) = NA$ THEN 620
640 IF EOF(1) = 0 THEN K=K+1: GOTO 620
700 K=0: CLOSE: OPEN"O",#1,"DATEN"
710 PRINT#1,N$(K);",";O$(K)
720 PRINT#1,S$(K);",";T$(K)
730 K = K + 1
740 IF N$(K) = "" THEN CLOSE: GOTO 100
750 GOTO 710
80Q INPUT"Zu ändernder Name";NA$
810 OPEN"I",#1,"DATEN
820 INPUT#1,N$(K),O$(K),S$(K),T$(K)
830 IF EOF(1) = 0 THEN K=K+1: GOTO 820
840 Z = K
850 FOR K = 0 TO Z
860 IF N$(K) = NA$ THEN 880
870 NEXT: GOTO 960
880 CLS: INPUT"Was soll geändert werden ?
<N>ame,<O>rt,<S>traße,<T>elefon ?"; X$
890 IF X$="N" THEN PRINT N$(K): INPUT N$(K): GOTO 920
900 IF X$="O" THEN PRINT O$(K): INPUT O$(K): GOTO 920
910 IF X$="S" THEN PRINT S$(K): INPUT S$(K): GOTO 920
915 IF X$="T" THEN PRINT T$(K): INPUT T$(K): GOTO 920
918 GOTO 880
920 CLOSE: OPEN"O",#1,"DATEN"
930 FOR K = 0 TO Z
940 PRINT#1,N$(K);",";O$(K)
950 PRINT#1,S$(K);",";T$(K) : NEXT: CLOSE: GOTO 100
960 PRINT"Name nicht gefunden": CLOSE: GOTO 100
```

Abb. 60: Programm »Adressen-Datei«

Zu dem in Abb. 60 gezeigten Programm sollen noch die folgenden Erklärungen gegeben werden.

20 Bei einer sequentiellen Datei muß für jedes Datenfeld in den einheitlich aufgebauten Datensätzen ein eindimensionales Feld mit einer ausreichenden Anzahl von Elementen im Speicher belegt werden.

100–180 Es wird die schon in Abb. 11 gezeigte Menütechnik verwendet.

200–310 Damit nicht vor dem Suchen jedesmal die ganze Datei in den Arbeitsspeicher geladen werden muß, wird in der Datei auf der Diskette und nicht in den Feldern im Speicher gesucht. Die Suche wird abgebrochen, wenn der Name gefunden wurde, oder wenn die Funktion EOF nach dem Lesen eines Datensatzes nicht mehr den Wert 0 hat, was das Ende der Datei bedeutet.

400–480 Der für das Schreiben verwendete Öffnungsbefehl mit dem Buchstaben »E« als Parameter erlaubt die Eingabe sowohl in eine noch nicht bestehende als auch an das Ende einer bestehenden Datei, so daß dies Programm-Modul für jedes Speichern zu verwenden ist. Es wird darum eine Schleife für die Eingabe und das Speichern verwendet, die eine Abfrage enthält, ob weitere Namen zum Speichern anstehen oder nicht. Im Befehl in Zeile 410 sind die Zeichenketten durch die vorgeschriebenen Zeichen (;",";) getrennt.

600–750 Um einen Datensatz zu löschen, muß der Inhalt der Datei vollständig gelesen und die Daten eindimensionalen Feldern zugewiesen, dann neu organisiert und wieder abgespeichert werden. Wird der zu löschende Datensatz in der Leseschleife gefunden, erfolgt ein Rücksprung zum Anfang der Schleife ohne Indexerhöhung (630), während sonst jedesmal der Index erhöht wird (640). Die zum Speichern verwendete Schleife wird abgebrochen, wenn ein leeres Feldelement gefunden wird.

800–960 Im Programm-Modul zum Ändern wird auch die gesamte Datei in den Arbeitsspeicher eingelesen. Danach wird das Feld durchsucht, bis das Schlüsselwort gefunden ist. Für die Suchschleife wird der Wert der Indexvariablen K als Endwert verwendet und darum der Variablen Z zugewiesen, die den Endwert der folgenden FOR . . NEXT-Schleife bestimmt. Hier wird also nicht, wie vorher beschrieben, direkt in der Leseschleife gesucht.

Wird die Suchschleife voll durchlaufen, ohne daß das Schlüsselwort gefunden wurde, erfolgt ein Sprung nach 960. Nach den Befehlen für die Eingabe der Änderungen wird immer die Schleife zum Speichern der Datei angesprungen.

Das vollständige Programm ist in Abb. 60 zu sehen. Werden andere DOS als TRSDOS, NEWDOS, Genie-DOS oder ähnliches verwendet, müssen einige oder alle der grau unterlegten Befehle geändert werden. Insbesondere haben die Öffnungsbefehle eine andere Syntax. Gegebenenfalls sind noch READ- und WRITE-Statements einzufügen.

Wenn kein Befehl vorhanden ist, der sowohl für das Neuanlegen als auch für das Ergänzen geeignet ist, müssen getrennte Module hierfür geschrieben werden. Falls es keinen Befehl für Ergänzungen gibt, muß dafür die Datei als Ganzes in den Arbeitsspeicher gelesen werden. Dort ist der neue Satz anzufügen, und die Datei ist wieder abzuspeichern.

Wenn es bei dem verwendeten DOS keine EOF-Funktion oder etwas Ähnliches gibt, muß das Dateiende beim Speichern markiert oder als erstes die vorher gezählte Anzahl der Datensätze gespeichert und wieder gelesen werden.

Nicht alle DOS erlauben die beliebige Mischung von Befehlen, die eine Ausgabe auf dem Bildschirm und einen Drucker bewirken. Manchmal muß jedesmal vorher der Ausgabekanal umgeschaltet werden.

Beispiel 22: Aufgeteilte Adressen-Datei

Lernziele

Verkürzung der Suchzeit durch Aufteilung
Teilung eines Datenbestands in mehrere Dateien
Arbeit mit mehreren Dateien
Zuordnung von Datensätzen zu Teildateien
Aufruf von Teildateien auf einer Diskette

Das Suchen einer bestimmten Information in einer sequentiellen Datei kann recht lange dauern. Ein Mittel, die Suchzeit zu verkürzen, besteht in der Aufteilung einer längeren Datei in mehrere Teildateien.

Hierzu ist es notwendig, eine eindeutige Zuordnung des Inhalts jedes Datensatzes zu einer bestimmten Teildatei zu schaffen. Diese Zuordnung kann entweder durch das Programm nach einer Eigenschaft der Schlüsselworte erfolgen oder auch durch den Benutzer vorgenommen werden.

Zur ersten Art gehören Dateien, die in Teildateien nach dem Anfangsbuchstaben des Schlüsselwortes aufgeteilt sind. So etwas ist nicht besonders schwer zu programmieren. Es ist lediglich notwendig, für jede Teildatei einen anderen Namen zu wählen. Dies kann zum Beispiel durch Anfügen des ersten Buchstabens des Schlüsselwortes an den allgemeinen Dateinamen erfolgen. Wenn das als Beispiel 21 besprochene Programm auch für größere Adressenmengen nutzbar sein soll, muß es so ergänzt werden, daß Teildateien gebildet werden.

Hierfür sind nur einige wenige ergänzende Befehle notwendig. In den Öffnungsbefehlen (210, 400, 610, 700, 810 und 920) muß statt des Dateinamens eine Variable eingesetzt werden.

Dann müssen Befehle hinzugefügt werden, die den für die Dateiverwaltung auf der Diskette maßgeblichen Namen aus dem allgemeinen Namen und dem angehängten Anfangsbuchstaben bilden. Hierfür wird ein kleines Unterprogramm geschrieben, das in den Zeilen 205, 605 und 805 angerufen wird und in 1200–1210 steht.

Lediglich beim Programmteil »Neueintragen« ab Zeile 400 gibt es eine kleine Schwierigkeit. Hier steht der Öffnungsbefehl vor dem Befehl, in dem die Eingabe des Namens angefordert wird. Diese beiden Befehle müssen umgestellt werden. Da hier für den Namen die Variable N$ verwendet wird, kann das Unterprogramm nicht benutzt werden, so daß ein Extrabefehl für die Bildung des Dateinamens geschrieben werden muß.

Geändert werden muß auch der Befehl in Zeile 470, da die Datei nach jeder Eintragung geschlossen werden muß. Für den nächsten Namen, der mit einem anderen Buchstaben beginnen kann, wird dann gegebenenfalls eine andere Datei geöffnet.

Bei Adressen-Dateien kommt es immer wieder vor, daß aus Versehen ein Name falsch eingegeben wurde, daß man diesen dann nicht finden kann. Es ist darum zweckmäßig, eine derartige Datei noch durch ein Modul zu erweitern, das die Ausgabe aller gespeicherten Datensätze auf dem Bildschirm veranlaßt. Dieser Programmteil ist hier ab Zeile 1000 angefügt.

Nach dem Öffnen der richtigen Datei wird hier in einer Schleife jeweils immer ein Datensatz gelesen und angezeigt, bis die EOF-Funktion den Wert −1 hat und damit zeigt, daß keine weiteren Daten mehr gespeichert sind. Beim Genie/TRS läuft die Schleife weiter, wenn eine beliebige Taste betätigt wird. Andere Computer fordern hier eine etwas andere Programmierung.

Das vollständige Programm ist in Abb. 61 zu sehen. Es läuft beim Suchen wesentlich schneller als das Programm im Beispiel 21 und benötigt auch nicht viel mehr Platz auf der Diskette. Man muß allerdings darauf achten, daß auch im Inhaltsverzeichnis der Diskette noch Platz für ca. 25 Eintragungen vorhanden ist.

```
10 REM Aufgeteilte Adressen-Datei TEILADRE 1949 Byte
20 CLEAR 1000 : DIM N$(100),O$(100),S$(100),T$(100)
99 REM ***** Menü und Abfrage *****
100 PRINT: PRINT"S für Suchen        N für Neueintragen
110 PRINT"A für Ändern        L für Löschen"
120 PRINT"G für ganze Datei   E für Beenden": INPUT X$
130 M$="SNLAGE": FOR K = 1 TO  6
140 IF MID$(M$,K,1) = X$ THEN 160
150 NEXT
160 ON K GOTO 200,400,600,800,1000,1300
170 GOTO 100
190 GOTO 100
199 REM ***** Suchen *****
200 INPUT"Gesuchter Name";NA$
205 GOSUB 1200
210 OPEN"I",#1,DN$
220 INPUT#1,N$,O$,S$,T$
230 IF N$ = NA$ THEN 300
240 IF EOF(1) = 0 THEN 220
250 GOTO 960
300 PRINT N$,O$
310 PRINT: PRINT S$,T$: CLOSE: GOTO 100
399 REM ***** Neueintragen *****
400 INPUT"Name";N$
405 DN$="DATEN" + LEFT$(N$,1)
410 OPEN"E",#1,DN$
420 INPUT"Ort";O$
430 INPUT"Strasse";S$
440 INPUT"Telefonnummer";T$
```

```
450 PRINT#1,N$;",";O$;",";S$;",";T$
460 INPUT"Mehr Namen (J/N)";X$
470 IF X$="J" OR X$="j" THEN CLOSE: GOTO 400
480 CLOSE: GOTO 100
599 REM ***** Löschen *****
600 INPUT"Zu löschender Name";NA$
605 GOTO 1200
610 OPEN"I",#1,DN$
620 INPUT#1,N$(K),O$(K),S$(K),T$(K)
630 IF N$(K) = NA$ THEN 620
640 IF EOF(1) = 0 THEN K=K+1: GOTO 620
700 K=0: CLOSE: OPEN"O",#1,DN$
710 PRINT#1,N$(K);",";O$(K)
720 PRINT#1,S$(K);",";T$(K)
730 K = K + 1
740 IF N$(K) = "" THEN CLOSE: GOTO 100
750 GOTO 710
799 REM ***** Ändern *****
800 INPUT"Zu ändernder Name";NA$
805 GOSUB 1200
810 OPEN"I",#1,DN$
820 INPUT#1,N$(K),O$(K),S$(K),T$(K)
830 IF EOF(1) = 0 THEN K=K+1: GOTO 820
840 Z = K
850 FOR K = 0 TO Z
860 IF N$(K) = NA$ THEN 880
870 NEXT: GOTO 960
880 INPUT"Was soll geändert werden ?
<N>ame,<O>rt,<S>traße,<T>elefon ?"; X$
890 IF X$="N" THEN PRINT N$(K): INPUT N$(K): GOTO 920
900 IF X$="O" THEN PRINT O$(K): INPUT O$(K): GOTO 920
910 IF X$="S" THEN PRINT S$(K): INPUT S$(K): GOTO 920
915 IF X$="T" THEN PRINT T$(K): INPUT T$(K): GOTO 920
918 GOTO 880
920 CLOSE: OPEN"O",#1,DN$
930 FOR K = 0 TO Z
940 PRINT#1,N$(K);",";O$(K)
950 PRINT#1,S$(K);",";T$(K) : NEXT: CLOSE: GOTO 100
960 PRINT: PRINT"Name nicht gefunden": CLOSE: GOTO 100
999 REM ***** Alles anzeigen *****
1000 INPUT"Welche Datei <Anfangsbuchstabe>";NA$
1010 GOSUB 1200
1020 OPEN"I",#1,DN$
1030 IF EOF(1)=-1 THEN CLOSE: GOTO 100
1040 INPUT#1,N$,O$,S$,T$
1050 PRINT: PRINT N$,O$: PRINT S$,T$
1060 INPUT"WEITER ";X$
1070 GOTO 1030
1200 DN$="DATEN" + LEFT$(NA$,1)
1210 RETURN
1300 END
```

Abb. 61: Programm »Aufgeteilte Adressen-Datei«

9. Dateien mit wahlfreiem Zugriff

Der Nachteil bei den bisher besprochenen sequentiellen Dateien liegt darin, daß man nicht direkt auf einen bestimmten, auf der Diskette gespeicherten Datensatz zugreifen kann, da der Computer nicht wissen kann, wo dieser Satz gerade in der Folge der gespeicherten Zeichen anfängt. Die Daten können nur mit dem ersten Datensatz beginnend gelesen werden. Neue Dateneintragungen können nur an das Ende angehängt werden, es sei denn, die ganze Datei wird in den Arbeitsspeicher übernommen und dort neu aufgebaut.

Die meisten Disketten-Operationssysteme (abgekürzt DOS) bieten darum dem Benutzer auch noch einen zweiten Dateityp, der es erlaubt, einzelne Datensätze zu lesen und diese zu verändern, ohne daß die ganze Datei in den Arbeitsspeicher geladen zu werden braucht. Kennzeichnend für diese Dateien ist der *wahlfreie Zugriff* auf einzelne Daten direkt im externen Speicher.

9.1 Zwei Arten von Dateien

Wenn man mit direktem Zugriff auf bestimmte Datensätze arbeiten will, muß der Computer wissen, wo die einzelnen Datensätze beginnen. Meist werden relativ zum Dateianfang die gespeicherten Zeichen gezählt. Wenn man dann noch festlegt, daß jeder Datensatz eine ganz bestimmte Länge hat, kann der Computer berechnen, wo ein bestimmter Satz anfängt, und von dort mit dem Lesen beginnen. Das Lesen wird wieder gestoppt, wenn die Anzahl Zeichen, die der Datensatz höchstens haben darf, erreicht ist. Innerhalb der immer gleichlangen Datensätze können wiederum einzelne Datenfelder, bestehend jeweils aus dem Inhalt einer Variablen, gebildet werden.

Für die Aufteilung der Datensätze sind zwei Methoden üblich. Man kann die auch bei den sequentiellen Dateien gebräuchlichen *Trennzeichen* verwenden und diese zwischen den einzelnen Variablen mit abspeichern. Die Gesamtzahl der Zeichen, die für einen Datensatz festgelegt wird, muß dann auch die verwendeten Trennzeichen mit beinhalten. Auf der anderen Seite bleiben Leerstellen bei der Speicherung, wenn die Summe der in einem Datensatz gespeicherten Zeichen einschließlich der Trennzeichen kleiner ist als die definierte Satzlänge (Abb. 62a).

Oft wird bei Dateien dieser Art aber auch mit vorheriger *Feldeinteilung* gearbeitet. Dann werden keine Trennzeichen zwischen die Datenfelder gesetzt, dafür muß deren Länge vorher in einem besonderen Befehl festgelegt werden. Leerstellen entstehen hierauf nicht am Ende eines Datensatzes, sondern am Ende der Datenfelder (Abb. 62b).

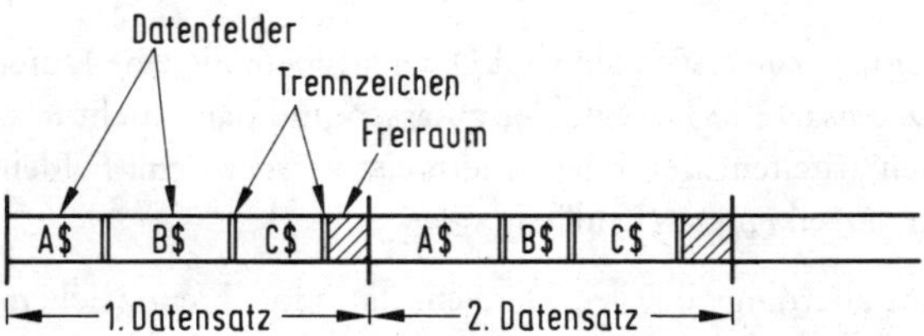

a

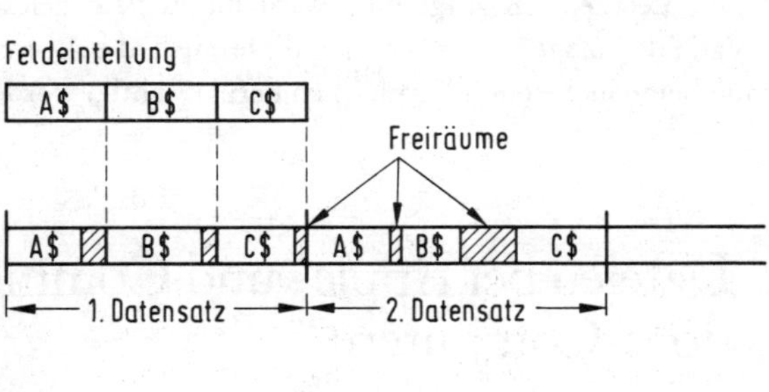

b

Abb. 62: Zwei Typen von wahlfrei lesbaren Dateien
a. Datei mit Trennzeichen zwischen den Datenfeldern
b. Datei mit fester Feldeinteilung in einem Befehl

Nachteilig bei diesen Dateien ist also die Verschwendung von Speicherplatz. Wenn zu speichernde Daten weniger Zeichen umfassen, als für einen Datensatz als Maximallänge reserviert wurden, bleibt der restliche Speicherraum frei. Auf der anderen Seite dürfen die Daten niemals länger sein als die Reservierung. Je nach dem verwendeten DOS werden diese beim Speichern abgeschnitten oder können den nachfolgenden Datensatz unbrauchbar machen.

Für Dateien mit wahlfreiem Zugriff auf einzelne Datensätze hat sich noch keine einheitliche Bezeichnung herausgebildet. Sie werden manchmal als *direkte Dateien* bezeichnet. Andere Hersteller nennen sie *relative Dateien* oder auch *Random-Dateien* nach dem englischen Begriff RANDOM FILE.

In der Praxis gibt es viele Verfahren, den wahlfreien Zugriff zu einzelnen Datensätzen zu ermöglichen. So unterscheiden sich diese Dateien bei den verschiedenen DOS beträchtlich. Am einfachsten aufgebaut sind die Dateien dieser Gruppe, bei denen im Öffnungsbefehl die Länge für alle Datensätze festzulegen ist, die durch Trennzeichen aufgeteilt werden kann.

Vielseitiger zu verwenden sind Dateientypen, die eine Unterteilung der Datensätze in Datenfelder zulassen und dann nicht mit Trennzeichen arbeiten. Bei ihnen sind meist verschiedene Feldeinteilungen in derselben Datei zulässig.

Es gibt allerdings bei den Dateien, die ohne Trennzeichen gespeichert sind, auch wieder eine Schwierigkeit. Wenn die gespeicherte Information kürzer ist als das dafür reservierte Datenfeld, wird dieses mit Leerzeichen aufgefüllt. Wird dieses Feld gelesen und einer Variablen zugewiesen, enthält diese auch die Leerzeichen. Das muß beim Suchen und Vergleichen berücksichtigt werden.

9.2 Dateien bei Apple- und Commodore-Computern

Die Schwierigkeit bei der Behandlung einzelner Dateitypen liegt in der sehr unterschiedlichen Syntax, die von den verschiedenen Disketten-Operationssystemen für die Dateiverwaltungsbefehle gefordert wird. Oft gibt es verschiedene Versionen der DOS für den gleichen Computer, die durchaus nicht immer kompatibel sind.

In diesem Abschnitt können darum nur die Dateitypen einiger Computer behandelt werden, und es ist auch nicht möglich, alle Einzelheiten dieser DOS-Versionen zu erläutern. In erster Linie soll hier erklärt werden, welche Unterschiede beim Befehlsaufbau bestehen, damit der Leser auch in der Lage ist, fremde Programme, die nicht für sein Computermodell geschrieben wurden, zu verstehen.

Die Vorschriften für wahlfrei lesbare Dateien sind bei den Apple- und Commodore-Computern ähnlich. Beide arbeiten mit festen Datensatzlängen, die wiederum durch Trennzeichen in Datenfelder unterteilt werden können. Die Länge der Datensätze gilt für die gesamte Datei. Sie muß im Öffnungsbefehl festgelegt werden. Beim Speichern und beim Lesen werden die Datensätze und auch die Byte im Datensatz mitgezählt. Der Stand des Satzzählers kann allerdings nicht abgefragt werden. Im Programm muß darum der Zählerstand immer verfolgt und gegebenenfalls gespeichert werden.

Im Öffnungsbefehl muß der Buchstabe L stehen und danach die Datensatzlänge eingesetzt werden.

Beim **Apple DOS 3.3** muß in jeden WRITE- bzw. READ-Befehl hinter dem Buchstaben R die Nummer des Datensatzes eingesetzt werden, auf den der Zugriff erfolgen soll.

Nach dem Record-Parameter R kann auch noch der Byte-Parameter B im READ- oder WRITE-Befehl angegeben werden. Die Zählung beginnt in jedem Satz mit 0. Wenn dieser Parameter verwendet wird, muß man genau wissen, wo die einzelnen Daten beginnen.

Es muß beim Speichern in einer Schleife immer ein Zähler mitlaufen, der die Nummer des Datensatzes in jedem Schleifenlauf erhöht. Der Wert des Zählers beim Abspeichern des letzten Satzes wird im Datensatz 0 abgespeichert. Gezählt wird hier also, wie in der Elektronik üblich, beginnend mit 0.

Jedes Datenfeld im Datensatz wird durch einen eigenen PRINT-Befehl gespeichert, durch den das zur Trennung notwendige Trennzeichen automatisch erzeugt wird.

Bei den **Commodore-Computern** werden Dateien mit wahlfreiem Zugriff erst von den BASIC-Versionen ab 4.0 unterstützt. Diese Dateien heißen dort relative Dateien.

Verwendet wird hier auch der in Abb. 41 gezeigte DOPEN-Befehl, in dem die Satzlänge nach dem Buchstaben L als Parameter einzusetzen ist. Unterschiedliche Öffnungen zum Lesen oder Schreiben sind nicht notwendig.

Eine besondere Bedeutung haben die Trennzeichen. Alle numerischen Werte müssen mit CR abgeschlossen werden. Jeder Datensatz hat dann auch nur ein Feld, denn CR ist das Feldtrennzeichen.

Um in einem Datensatz mit Zeichenketten mehrere Datenfelder speichern zu können, gibt es beim Commodore DOS noch das Komma als Trennzeichen zwischen Datenfeldern. Das Komma kann auch als CHR$(44) oder als diesem entsprechende Variable in den PRINT#-Befehl gesetzt werden. Beim Lesen mit INPUT# können immer Kommas geschrieben werden, nur müssen der PRINT#- und der INPUT#-Befehl die gleiche Anzahl von Trennzeichen haben.

Sollen in einem Datensatz sowohl Zahlen als auch Zeichenketten in separaten Feldern stehen, wird empfohlen, die Zahlen mit der STR$-Funktion in Zeichenketten zu wandeln und so abzuspeichern.

Um einen bestimmten Datensatz zu lesen, ist der Befehl RECORD# zu verwenden, dem nach einem R die Satznummer und nach einem B wahlweise die Bytenummer im Satz folgen. Wird statt einer Konstanten als Satznummer eine Variable eingesetzt, muß diese in Klammern stehen.

9.3 Dateien mit Feldeinteilung

Bei diesen Dateien kann die Einteilung jedes Datensatzes in beliebig viele Datenfelder im Programm in einem besonderen Befehl festgelegt werden. Ein Vorgang, den man im englischen FIELDING nennt. Für jedes Datenfeld kann eine Länge gewählt werden, wobei die Summe der Feldlängen nicht die für den ganzen Datensatz zugelassene oder erlaubte Länge überschreiten darf. Der FIELD-Befehl lautet:

FIELD datnr,feldlg.AS variable,feldlg.AS variable, usw.

Nach dem Befehlswort FIELD kommt zuerst die logische Dateinummer, und dann sind die einzelnen Datenfelder zu definieren, wobei jeweils zuerst die Länge, dann das Befehlswort AS und abschließend der Variablenname zu schreiben ist.

Alle Daten werden grundsätzlich als Zeichenketten gespeichert und gegebenenfalls mit Leerstellen aufgefüllt, wenn die tatsächliche Datenlänge kürzer ist, als bei der Feldreservierung angegeben. Den im FIELD-Befehl stehenden Variablen müssen darum vor dem Abspeichern erst entsprechende Werte für die Ablage im Pufferspeicher zugewiesen werden. Hierzu dienen die folgenden Befehle:

LSET A$ = E$	Setzt E$ linksbündig in das für A$ reservierte Feld.
RSET A$ = E$	Setzt E$ rechtsbündig in das für A$ reservierte Feld.

Zahlenvariable können aber auch in verdichteter Codierung, wie sie auch im Arbeitsspeicher stehen, gespeichert werden. Dann müssen für die Vorbereitung der Ablage im Pufferspeicher die folgenden Befehle verwendet werden:

LSET A$ = MKI$(E%)	Setzt die Integer-Variable E% in das 2 Byte lange Feld A$
LSET A$ = MKS$(E)	Setzt die Gleitkomma-Variable in das 4 Byte lange Feld A$
LSET A$ = MKD$(E#)	Setzt die doppelt genaue Variable E in das 8 Byte lange Feld Feld A$.

Selbstverständlich können Zahlen aber auch direkt ohne Wandlung als Zeichenketten abgespeichert werden. Sie benötigen dann so viele Byte Speicherplatz, wie sie Stellen haben, wobei ein Punkt als Dezimaltrennung mitzuzählen ist.

Zum Speichern dient das Befehlswort PUT. Danach ist zuerst die logische Dateinummer und dann die Satznummer zu schreiben, in die die im FIELD-Befehl angezogenen Variablen gespeichert werden sollen.

In gleicher Weise wird für das Lesen das Befehlswort GET verwendet. Es bewirkt, daß die im betreffenden Satz stehenden Daten den im FIELD-Befehl stehenden Variablen zugewiesen werden. Mit den dort stehenden Namen können sie dann weiterverarbeitet werden.

9.4 Die FF-Datei bei NEWDOS 80 und Genie-DOS

Die FF-Datei arbeitet auch mit festen Datensatzlängen und fester Aufteilung des Satzes in Felder. Zahlen werden aber in der verkürzten Codierung, die auch im Arbeitsspeicher verwendet wird, gespeichert. Die Länge von Zeichenketten muß vorher bestimmt werden. Zahlen und Zeichenketten können in einem Datensatz beliebig gemischt vorkommen.

Anstelle des FIELD-Befehls wird für die Einteilung des Datensatzes eine besondere Anweisung verwendet, die IGEL (Item Group Expression List) genannt wird. Sie wird am einfachsten in einer separaten Zeile geschrieben, die aber nicht vom sonstigen Programm durchlaufen werden darf. In ihr müssen die Variablennamen mit ihrer Typenbezeichnung durch Kommas getrennt stehen, und sie muß mit einem Semikolon enden. Vor Zeichenkettenvariablen muß in einer Klammer die Länge der Kette stehen. IGEL-Zeilen können zum Beispiel wie folgt aussehen:

```
1000 A!, (8)B$,C(D,E),F%,(10)F$;
1100 (25)N$, (20)S$,(30)O$;
```

Ergänzt wurde für diesen Dateityp auch der PUT- und der GET-Befehl, der jetzt einen Parameter mehr hat. Er kann in zwei Ausführungen geschrieben werden.

```
PUT datnr,satznr,zeilennummer des IGEL oder
PUT datnr,satznr,„IGEL";
```

Der IGEL kann also nach einem zusätzlichen Komma auch unmittelbar dem PUT- oder GET-Befehl angehängt werden. Einfacher ist es aber, ihn mit der Zeilennummer aufzurufen.

Die Länge der Datensätze muß im Öffnungsbefehl angegeben werden.

Eine Ganzzahl benötigt 2 Byte,
eine Zahl mit einfacher Genauigkeit benötigt 4 Byte,
eine Zahl mit doppelter Genauigkeit benötigt 8 Byte und
eine Zeichenkette braucht so viele Byte, wie sie lang ist.

FF-Dateien mit festen Satzlängen, die während des Programmlaufs auch unterschiedlich aufteilbar sind, denn es können mehrere IGEL geschrieben und je nach Bedarf abgerufen werden, nutzen den Speicherraum gut aus. Nur wenn in den Datensätzen Zeichenketten mit sehr unterschiedlicher Länge vorkommen, bleiben Leerstellen.

10. Beispielprogramme für wahlfrei lesbare Dateien

Die Erstellung von Programmen mit direktem Dateizugriff erfordert nicht nur die vollständige Beherrschung der Möglichkeiten des verwendeten Disketten-Operationssystems, sondern auch viel Phantasie. Es gibt unzählige Möglichkeiten, Dateien anzulegen und Dateiverwaltungsprogramme zu erstellen.

In diesem Kapitel können nur zwei Beispiele vorgestellt werden. Sie sind für Leser gedacht, die die Technik des wahlfreien Zugriffs, die ihnen ihr Computer bietet, beherrschen. Sie sollen Anregungen geben, wie man effektiv mit wahlfreiem Zugriff arbeiten kann, und dabei Programmiermethoden demonstrieren, die bisher in Veröffentlichungen wenig gezeigt wurden.

Die Programme verwenden FF-Dateien mit Feldeinteilung im IGEL. Sie sind sehr kompakt geschrieben, lassen sich aber vielfältig erweitern und ausbauen. Die Erklärungen zu den Programmen beschränken sich auf das, was auch ein fortgeschrittener Programmierer nicht aus dem Programm selbst ersehen kann. Auf eine ausführliche Problemanalyse wird hier verzichtet.

Beispiel 23: Notizzettel

Das in Abb. 63 gezeigte Programm erlaubt die Eintragung, Lösung und Änderung beliebiger Notizen mit einer Länge von maximal 400 Zeichen. Eine Übersicht erlaubt den direkten Zugriff auf 20 Eintragungen.

Das ganze Programm ist bewußt so kurz wie möglich geschrieben. Für die Wahl des Programmlaufs durch den Benutzer wird kein Menü verwendet. Vom Benutzer werden aber verschiedene Ja/Nein-Entscheidungen verlangt.

Um das Programm möglichst einfach zu halten, werden die Stichworte, unter denen die Eintragungen vorgenommen werden, im Programm selbst als Zeichenketten in PRINT-Befehlen gespeichert. Eine Ergänzung oder Änderung muß also im Programm und nicht im Programmlauf erfolgen.

Der für das Speichern und Anzeigen verwendete IGEL steht am Schluß des Programms nach einer Zeile mit einem unbedingten Sprungbefehl und wird so nicht im Programmlauf durchlaufen.

Nach dem Lesen einer Notiz in einem Datensatz kann jede der 10 Zeilen geändert werden. Wenn nach dem Änderungsaufruf nur die RETURN-Taste betätigt wird, erfolgt eine Löschung der Zeile.

```
10 REM  Datei als Notizzettel NOTIZZET 1096 Byte
50 CLEAR 1000: CLS
80 INPUT"Programm beenden ? <J/N>";X$
90 IF X$="J" THEN END
100 CLS:PRINT"        S a t z n u m m e r n
110 PRINT "1 Geburtstage          10 Auto
115 PRINT "2 Versicherungen       11
120 PRINT "3 Ferienadressen       13
125 PRINT "4 Handwerker           14
130 PRINT "5 Erinnerungen         15
135 PRINT "6 Termine              16
140 PRINT "7 Weinkeller           16
145 PRINT "8 Bücher               17
150 PRINT "9 Verkehrsberbind.     18
170 INPUT"Welcher Satz";S
180 INPUT"Wollen Sie neu eintragen ? <J/N>";X$
190 IF X$="J" THEN 200 ELSE 300
200 OPEN"R",1,"NOTIZ/DAT:1","FF",400
210 PRINT"10 Zeilen mit max.40 Zeichen Text eingeben
215 PRINT
220 FOR K = 0 TO 9
230 INPUT T$(K)
240 NEXT
250 PUT 1,S,400
280 CLOSE: CLS: GOTO 80
300 OPEN"R",1,"NOTIZ/DAT:1","FF",400
320 GET 1,S,400
325 PRINT
330 FOR K = 0 TO 9
340 PRINT K;T$(K)
350 NEXT
360 INPUT"Ergänzen ? <Zeilennr. oder N>";X$
370 IF X$="N" THEN 390
380 K=VAL(X$): INPUT T$(K): PUT 1,S,400
390 CLOSE: GOTO 80
400 (40)T$(0),(40)T$(1),(40)T$(2),(40)T$(3),(40)T$(4),
(40)T$(5),(40)T$(6),(40)T$(7),(40)T$(8),(40)T$(9);
```

Abb. 63: Programm »Notizzettel«

```
10 REM Telefonnummern-Datei  TELSTREU  1298 Byte
20 CLEAR 1000: A$="x"
30 CLS:PRINT" 1  Erstes Anlegen der Datei": PRINT
40 PRINT"  2  Speichern    3  Suchen

  4  Löschen       5  Ende": PRINT
50 PRINT"  6  Alle besetzten Datensätze zeigen"
60 PRINT:INPUT"Bitte Nummer wählen ":X
70 ON X GOTO 100,200,300,400,90,500
80 GOTO 30
90 END
100 OPEN"R",1,"TELDATEI/DAT:1","FF",30
110 FOR K = 1 TO 255
120 PUT 1,,610
130 NEXT
140 CLOSE
200 OPEN"R",1,"TELDATEI/DAT:1","FF",30
210 INPUT"Name";N$
220 INPUT"Telefonnummer";T$
230 GOSUB 2000
240 GET 1,C,610
250 IF A$ <> "x" THEN N$=N$+"*": GOTO 230
260 PUT 1,C,600
270 INPUT"Beenden ? J/N":X$
280 IF X$="J" OR X$="j" THEN CLOSE: GOTO 30
290 GOTO 210
300 OPEN"R",1,"TELDATEI/DAT:1","FF",30
310 INPUT" Welchen Namen suchen";N$
320 GOSUB 2000
330 GET 1,C,620
340 Q$=LEFT$(NA$,LEN(N$))
350 IF N$ <> Q$ THEN N$=N$+"*": GOTO 320
360 PRINT NA$,T$
370 INPUT"Weiter ";X$
380 CLOSE: GOTO 30
400 OPEN"R",1,"TELDATEI/DAT:1","FF",30
410 INPUT"Zu löschender Name":N$
420 GOSUB 2000
430 PUT 1,C,610
440 CLOSE: GOTO 30
500 OPEN"R",1,"TELDATEI/DAT:1","FF",30
505 FOR K = 1 TO 255
510 GET 1,,600
520 IF LEFT$(N$,1)="x" THEN 560
530 Z=Z+1
540 PRINT N$,T$
550 IF Z/15=INT(Z/15) THEN Z=0: INPUT X$
560 NEXT
570 CLOSE: Z=0: INPUT X$: GOTO 30
600 (15)N$,(15)T$;
610 (1)A$;
620 (15)NA$,(15)T$;
2000 C=0
2010 FOR K = 1 TO LEN(N$)
2020 A=ASC(MID$(N$,K,1))
2030 A=(A OR C)-(A AND C)
2040 C=((2*A) AND 255) OR (SGN(C AND 128))
2050 NEXT
```

```
2060 IF RIGHT$(N$,4)="****" THEN CLOSE: GOTO 2080
2070 RETURN
2080 PRINT"Name ";N$;" nicht eingetragen"
2090 FOR K=1 TO 1000: NEXT
2100 RUN
```

Abb. 64: Programm »Telefon-Datei mit Streuspeicherung«

Beispiel 24: Datei mit Streuspeicherung (HASHCODE)

Das in Abb. 64 gezeigte Programm ermöglicht sehr schnell den direkten Zugriff auf bis zu ca. 220 Datensätze nach Aufruf des Namens, ohne daß im Arbeitsspeicher ein Suchvorgang notwendig ist.

Zur Lösung der gestellten Aufgabe wird das Verfahren der Streuspeicherung (englisch HASHCODING nach to hash = durch den Wolf drehen) verwendet. Hierbei wird eine beliebig lange Zeichenkette nach einer immer gleichen Rechenformel in eine Codezahl zwischen 1 und 255 gewandelt (2010–2050). Diese Zahl wird als Satznummer für das Speichern (ab 200) verwendet und beim Suchen (ab 300) wieder erzeugt und als Satznummer aufgerufen.

Da nicht auszuschließen ist, daß bei zwei verschiedenen Namen eine schon vorher einmal erzeugte Zahl wieder erzeugt wird, wird vor dem Speichern in 250 geprüft, ob der Satz, dessen Nummer der erzeugten Codezahl entspricht, auch noch frei ist. Wenn dies nicht der Fall ist, wird an den Namen ein Stern angehängt und erneut eine Codezahl bestimmt. Maximal können 4 Sterne angehängt werden, sonst erfolgt Fehlermeldung (2060–2090).

Zur Markierung der Freiplätze in der Datei wird in das erste Datenfeld aller Datensätze beim ersten Anlegen ein kleines x eingeschrieben (100–140 in Verbindung mit 20 und 610).

Ebenso wird zum Löschen auch ein x in das erste Feld des zu löschenden Datensatzes gesetzt (400–440 in Verbindung mit 20 und 610).

Da nicht ausgeschlossen werden kann, daß ein bei der Eingabe einmal falsch geschriebener Name nicht wieder gefunden wird, besteht noch die Möglichkeit, den ganzen Inhalt der Datei Satz für Satz auf dem Bildschirm zur Anzeige zu bringen (500–570).

Der Neustart des Programms nach der Fehleranzeige ist notwendig, da mit einem RETURN an dieser Stelle mitten in den Lesbefehl zurückgesprungen würde.

Selbstverständlich ist es möglich, dies Programm auch zur Speicherung von Adressen auszubauen. Hierzu ist die Datensatzlänge zu erhöhen, sind weitere Datenfelder in den IGEL-Befehlen zu definieren. Es wird dann mehr Speicherraum auf der Diskette benötigt, aber das Suchen geht genauso schnell.

Schlußbemerkung

Damit kommt dies Buch zum Schluß. Wenn der Leser die Beispiele bis hierher durchgearbeitet und verstanden hat, sollte er in der Lage sein, viele Aufgaben im Berufsleben, aber auch in seiner privaten Umgebung, mit einem kleinen Computerprogramm leichter und schneller zu bewältigen.

Für viele dieser Aufgaben gibt es auch fertige Programme, die aber meist nicht ganz für die eigenen Bedürfnisse geeignet oder in der Bedienung so kompliziert sind, daß sie kaum voll ausgenutzt werden.

Der Verfasser möchte darum alle Leser ermuntern, nicht nur mit dem Computer zu spielen, sondern auch durch eigene Programmierung anstehende Probleme zu lösen. Dazu gehört etwas Geduld und viel Nachdenken. Niemand sollte enttäuscht sein, wenn nicht alles gleich auf Anhieb klappt; aber wenn dann ein selbst entwikkeltes Programm läuft, kann der Programmierer sich auch wirklich über seinen Erfolg freuen.

Register